KB126366

기적의 100 문장

영어독해

머리말

영어문장을 구성하는 요소는 어휘와 문법, 두 개입니다. 영어문장을 정확히 이해하려면 어휘와 문법을 정확히 이해하고 있으면 된다는 뜻이지요.

영어 어휘들 중에 똑 같은 상황에서 사용되는 똑 같은 의미의 어휘들은 단 하나도 없습니다. 모두 다 제 각각의 의미를 갖고 있으며 쓰이는 상황이 모두 다릅니다. 그렇기 때문에 어휘의 의미를 뭉뚱그려서 이 단어 대신에 이것을 쓸 수도 있고 이 표현 대신에 저 표현을 사용해도 좋다고 말하는 것은 정말 잘못된 설명입니다. 영어 어휘들 중에는 동의어가 단 하나도 없다는 뜻입니다. 오직 유의어만 있을 뿐입니다. 유의어는 비슷한 의미가 비슷한 어휘이지 똑 같은 어휘는 아니라는 겁니다.

문법에는 형식과 의미가 있습니다. 어휘에만 의미가 있는 게 아니라 문법에도 의미가 있습니다. be 동사가 주는 의미, 현재시제가 주는 의미, 현재완료가 주는 의미, 수동태와 능동태가 주는 의미, 분사구문의 의미 등, 모든 문법항목이 갖는 고유한 의미들이 있습니다. 그것들을 정확히 이해하지 못하면 영어문장은 절대 정확히 이해할 수 없습니다.

영어는 감으로 하는 게 아닙니다. 전혀 모르는 상황에서 감을 잡는 것도 실력이지만 정확히 아는 게 하나도 없는 상태에서 감만으로 문장을 이해할 수는 없습니다. 영어는 감이 아니라 정확성입니다. 정확성이 전제된 영문이해가 필요합니다.

어휘를 제대로 이해하고 문법을 제대로 이해하면 영어문장의 이해가 정확해집니다. 그렇게 정확히 이해된 문장들을 통해서 영어력이 확장되고 지식이 풍성해집니다.

100개의 문장을 통해서 어휘들의 개념을 정확히 받아들이는 연습을 하십시오. 100개의 문장을 통해서 영문 독해에 필요한 결정적인 문법 항목들을 정확히 이해해 보십시오. 비록 100개라는 적은 양의 문장이지만 여러분의 영어력 향상에 결정적인 역할을 해줄 것을 확신합니다.

저자 오석태

기적의
100문장 영어독해

차 례

기적의 100문장 영어독해

I abandoned my glass of water and made my way to the open door.

번역 나는 물 한 잔을 마시다 말고 열린 문을 향해서 갔다.

I abandoned my glass of water / and made my way / to the open door.

직역 난 마시던 물 한 잔을 포기했다 / 그리고 몸을 움직여 갔다 /
열린 문을 향해서.

독해 point 1(동사)

abandon

자기에게 소중하거나 중요한 물건, 또는 소중한 사람을 끝까지 지키지 않고 의도적으로
버리고 떠난다는 의미이다. 그래서 abandon a dog은 '자기가 책임지고 키워야 할 개를
버리다'의 뜻이 되며 abandon one's family는 '소중한 자기 가족을 버리고 떠나다'가 된다.
abandon one's glass of water는 '자기가 마시던 물을 다 마시지 않고 그대로 둔 채 자리
를 박차고 일어나다'로 이해한다.

> 유의어 forsake, desert, desolate, leave behind

독해 point 2(동사구)

make one's way to

단어 그대로 해석하면 '~로 가는 자신의 길을 만들다'가 된다. 이것을 '~로 가다'로 이해한
다. go to ~는 '어딘가로 가는 행위'에만 초점이 맞춰져 있다면 make one's way to ~는 '~
로 가는 길을 만들어 가는 과정'에 중심을 둔 말이다. 전자에 비해서 후자가 시각적으로 훨
씬 풍부한 그림이 그려진다.

I struggled out of the jacket.

번역 나는 몹시 힘들게 재킷을 벗었다.

I struggled / out of the jacket.

직역 나는 버둥거렸다 / 재킷에서 빠져나가느라고.

독해 point 1(동사)

struggle

'투쟁하다', '몸부림치다', '버둥거리다', '몹시 애쓰다' 등의 의미이다. 어려운 문제에 직면해서 그것을 해결하기 위해 무진 애쓰는 모습이 그려진다. 물리적인 노력이나 정신적인 노력에 모두 사용될 수 있다. 그런데 뒤에 out of the jacket이 붙으면서 약간 생소하기도 하고 혼란스럽기도 하다. out of the jacket은 '재킷 밖으로'이다. '재킷을 벗는다'는 느낌을 유추해낼 수 있다. 그렇다면 struggle out of the jacket? 그렇다. '몸부림치며 재킷을 벗다'의 의미가 되는 것이다.

유의어 grapple, wrestle, endeavor, strive, come to terms with

독해 point 2(부사구)

out of

'~의 안에서 밖으로'의 의미이다. 어느 장소 안에 있다가 몸이 밖으로 나간다 거나 어떤 상황에 빠져 있다가 거기에서 빠져나간다는 느낌이다. 본문에서는 재킷 밖으로 빠져나간다는 의미이기 때문에 우리가 쉽게 떠올릴 수 있는 표현은 아니다. 이런 표현일수록 정확히 기억해두는 것이 좋다.

I squared my shoulders in an attempt to look taller and more intimidating.

번역 나는 더 크고 더욱 위협적으로 보이게 하기 위해서 어깨를 딱 폈다.

I squared my shoulders / in an attempt / to look taller and more intimidating.

직역 나는 어깨를 똑바로 폈다 / 어떤 시도였는가 하면 / 더 크고 더욱 위협적으로 보이기 위해서.

독해 point 1(동사)

square

몸이나 어깨를 똑바로 펴서 '직각'이 되게 한다는 의미이다. 우리에겐 흔히 '정사각형'이라는 명사, '정사각형 모양의', '직각의' 등의 뜻을 갖는 형용사로 알려져 있다. square one's shoulders는 '어깨를 직각으로 만들다', '어깨를 딱 벌리다' 등의 의미이다.

독해 point 2(전치사구)

in an attempt to

attempt는 뭔가 힘든 일을 이루고자 하는 '정직한 노력'을 의미한다. 그래서 흔히 '시도'라고 해석한다. in an attempt to ~를 직역하면 '~을 하기 위한 정직한 노력 안에서'가 되어 '~을 하기 위한 시도로', 또는 '~을 하기 위하여'로 흔히 해석하게 된다. to는 부정사이므로 뒤에는 동사원형이 온다.

독해 point 3(현재분사)

intimidating

'남에게 겁을 주는', '남을 위협하는' 등의 의미이다. '~을 위협하다', '~에게 겁을 주다'라는 의미의 동사 intimidate에서 파생된 현재분사형 형용사이며 주어의 능동적인 행위를 나타낸다.

Three minutes later she was back on the intercom with the reply I expected.

번역 3분 후에 그녀는 내가 예상했던 답을 가지고 인터콤으로 돌아왔다.

Three minutes later / she was back / on the intercom / with the reply / I expected.

직역 3분이 지나서 / 그녀는 돌아왔다 / 인터콤으로 / 답을 가지고 / 내가 예상했던.

 독해 point 1(전치사)

on

'집중'과 '~의 선상에서'를 말할 때 전치사 on을 써서 표현한다. '전화상에서'는 on the phone이며 '인터폰상에서'는 on the intercom이다. 따라서 be back on the intercom은 '잠시 대기중인 상태의 인터콤으로 다시 돌아와서 이야기한다'는 의미를 전한다.

 독해 point 2(전치사구)

with the reply I expected

I expected가 reply를 수식하는 것은 맞지만 그것은 '번역'할 때의 이야기이고 순간적인 '독해'를 할 때는 with the reply를 먼저 해석해야 한다. with the reply를 '대답을 가지고', '그녀의 대답은' 등으로 먼저 이해한 후에 I expected를 '내가 예상했던 대로'로 이어서 이해하는 것이 옳은 방법이다. 수식어구를 먼저 해석한 후에 다시 앞으로 돌아가면 전체적으로 해석의 흐름을 놓치게 되는 것은 물론이고 문장이 몹시 길어질 경우에 자칫 당황, 내지는 포기할 확률이 높아진다.

Opening the door, I crept inside, slowly shutting it behind me.

번역 문을 열면서, 나는 안으로 기어들어갔고 천천히 문을 닫았다.

Opening the door, / I crept inside, / slowly shutting it / behind me.

직역 문을 열면서, 나는 안으로 살금살금 기어들어갔다, / 그리고 천천히 문을 닫았다 / 등뒤로.

독해 point 1(분사구문)

Opening the door,

'현재분사구문'이다. '문을 열면서'로 해석한다. 현재분사는 진행의 의미를 포함한다. 현재분사구문은 종속절과 주절의 주어가 같음을 뜻한다. Opening the door는 As I opened the door의 분사형 구문이다.

독해 point 2(생략)

slowly shutting it behind me

생략 이전의 문장은 crept inside and slowly shut it behind me이다. 이렇게 연속되는 동작(주어와 시제의 일치)을 접속사 and로 연결하는 것이 일반적이지만 글 속에서는 and가 생략될 수 있다. 그 생략의 표시는 콤마(,)이며 생략과 동시에 뒤에 이어지는 동사는 현재분사형이 된다. 역시 현재분사 주도형 구문이다.

My head leaning against the carriage window, I watch these houses roll past me like a tracking shot in a film.

번역 기차 창에 머리를 기대고 나는 마치 영화 속 이동장면처럼 집들이 굴러서 나를 지나치는 모습을 지켜본다

My head leaning against the carriage window, / I watch these houses roll past me / like a tracking shot in a film.

직역 기차 창에 머리를 기대고 / 나는 집들이 구르듯 나를 지나치는 모습을 지켜본다 / 마치 영화 속 이동장면처럼.

독해 point 1(분사구문)

My head leaning against the carriage window,

While my head leans against the carriage window가 분사구문으로 만들어진 경우이다. 종속절의 주어와 주절의 주어가 다르기 때문에 My head를 그대로 적고 나머지를 현재분사구문으로 교체한 것이다. lean against는 '~에 기대다'의 의미이다. carriage는 '기차의 객차'이다.

독해 point 2(지각동사)

watch these houses roll past me

watch는 지각동사로서 '~을 지켜보다'의 의미이다. 목적어구로 these houses가 나왔으며 목적 보어로 동사 원형인 roll이 나왔다. watch의 목적 보어로 동사원형이 올 때는 '동사의 모습을 처음부터 끝까지 찬찬히 다 지켜본다'는 의미를 전한다. 따라서 watch ~ roll은 '~이 굴러가는 모습을 처음부터 계속 지켜보다'의 느낌이다. roll past me는 '굴러서 나를 지나치다'의 뜻이다.

My only option is to restrain my wayward hair in a ponytail and hope that I look semi-presentable.

번역 나의 유일한 선택은 제멋대로인 내 머리를 포니테일로 묶어 고정시키고 그런 모습으로 밖으로 나가도 어느 정도는 봐줄 만해 보이기를 바라는 것이다.

My only option is / to restrain my wayward hair / in a ponytail / and hope / that I look semi-presentable.

직역 나의 유일한 선택은 / 내 다루기 힘든 머리카락을 저지하는 것이다 / 포니테일로 묶어서 / 그리고 희망하는 것이다 / 내가 어느 정도라도 봐줄 만해 보이기를 말이다

독해 point 1(부정사)

is to restrain my wayward hair

to 부정사가 '주격 보어구'로 쓰였다. to 부정사는 '미래'의 의미를 갖는다. 그래서 '(앞으로) 다루기 힘든 내 머리카락을 저지하는 것이다'로 이해한다. restrain은 '~을 저지하다', wayward는 '제멋대로인'의 의미이다. 따라서 to restrain my wayward hair in a ponytail은 '제 멋대로인 내 머리를 포니테일의 상태로 묶어서 고정시키다'로 의역한다.

독해 point 2(형용사)

semi-presentable

동사 present는 '특정한 자리에 모습을 드러내다', '뭔가를 보여주다' 등의 의미이며 형용사 presentable은 '모습이 남 앞에 내놓을 만한'의 뜻이다. 여기에 '반 정도'의 의미를 전하는 접두사 semi-가 붙어서 semi-presentable이 되면 '어느 정도는 남 앞에 내놓을 만한' 정도의 뜻이 된다. 따라서 look semi-presentable은 '완전히는 아니지만 그래도 어느 정도는 남 앞에 드러낼 수 있는 모습으로 보이다'로 이해한다.

I can't believe you didn't take him up on his offer to show you around.

번역 내가 믿어지지 않는 건 회사를 구경 시켜주겠다는 그의 제안을 네가 받아들이지 않았다는 사실이야.

I can't believe / you didn't take him up / on his offer / to show you around.

직역 난 믿을 수가 없어 / 네가 그를 받아들이지 않았다는 사실이 / 그가 제안했다며 / 너를 직접 회사 구경 시켜주겠다고.

독해 point 1(표현)

take somebody up on something

'제안이나 초대, 또는 약속을 받아들이다'의 의미이다. '누군가를 받아들이는데(take somebody up) 그것은 ~에 한정되어 있음(on)'을 뜻한다. 보통 전치사 on의 목적어로 제안(offer), 의견(suggestion), 약속(promise), 초대(invitation) 등이 오게 된다.

독해 point 2(부정사)

offer to show you around

명사 offer를 수식하기 위하여 to show you around가 쓰였다. 명사를 수식하는 형용사적 용법으로 부정사를 이용한 것이다. 형용사는 명사의 앞에서 그 명사를 수식하지만 부정사가 형용사적 용법으로 쓰일 때는 명사의 바로 뒤에서 그 명사를 수식하게 된다. 따라서 본문은 '너를 안내하겠다는 제안'의 의미이다. 부정사가 의미상으로 '미래'의 의미를 갖는다는 사실엔 변함이 없다. show you around는 '너를 안내하다', '너에게 회사나 집을 구경시켜주다' 등의 의미이다.

The phone began to ring, jolting me out of my extended reverie

번역　전화벨이 울리기 시작했고 그로 인해 나는 길어진 공상에서 갑작스럽게 빠져 나왔다.

The phone began to ring, / jolting me out / of my extended reverie.

직역　전화벨이 울리기 시작했다, / 그러면서 나를 갑자기 밖으로 빼냈다 / 나의 길어진 공상 밖으로.

독해 point 1(생략)

began to ring, jolting me out

콤마(,)는 계속적 용법의 상징이다. 앞문장과 뒷문장이 동작의 연속임을 나타내는 것이다. 접속사 and로 연결된 두 개의 동작은 앞 뒤로 연결된 동작임을 말한다. 따라서 글의 간결한 흐름을 위해서 and를 생략하면 연결동작을 그대로 살리는 계속적 용법, 콤마를 찍는 것이 자연스럽다. 그리고 동작의 계속진행인 움직임을 시각적으로 분명하게 알리는 방법은 현재분사(jolting)의 사용이다. 따라서 콤마 뒤에 현재분사를 사용하게 된다. 계속적 용법, and, and의 생략, 콤마, 그리고 현재분사, 이들의 조합은 매우 유기적인 자연스러움을 보인다.

독해 point 2(표현)

jolt me out of my extended reverie

동사 jolt는 '뭔가를 갑자기 거칠게 움직이게 하다'의 의미이다. 따라서 jolt me out은 '나를 아무런 예고도 없이 갑작스럽게 빠져나가게 하다'의 뜻이며 extended는 '보통 때보다 길어진', reverie는 '공상'의 의미이다. 따라서 이 표현은 '내가 생각보다 길어진 공상에서 갑작스럽게 빠져나오게 하다'의 뜻을 갖는다.

He knew that I was in brittle shape when we started going out.

번역 그는 우리가 데이트를 시작했을 때 내가 정신적으로 불안한 상태임을 잘 알고 있었다.

He knew / that I was in brittle shape / when we started going out.

직역 그는 이미 알고 있었다 / 내가 정신적으로 불안한 상태임을 / 우리가 데이트를 시작했을 때 말이다.

독해 point 1(시제의 일치)

knew, was, started

문장 전체의 시제를 주도하는 어휘는 knew이다. 이는 know의 과거형이다. 따라서 뒤를 있는 동사의 시제들은 과거형에 맞춰져야 한다. 이것을 시제의 일치라고 한다. am이 was 로, start가 started로 바뀐 이유이다. 특히 우리가 영어로 글을 쓸 때 항상 오류를 범하는 부분이기 때문에 절대적으로 신경 써야 한다.

독해 point 2(표현)

in brittle shape, go out

brittle은 '정서적으로 불안한'의 의미이며 brittle shape는 '정서적으로 불안한 상태'를, in brittle shape는 '정서적으로 불안한 상태에 있는'을 의미한다. go out는 단순히 '밖으로 나가다'가 아니라 '나가서 데이트하다'의 의미를 갖는다. 우리와는 달리 미국의 경우에는 집이나 학교 안, 또는 그 주변에서 친구들과 시간을 보내다가 데이트를 할 때 비로소 차 타고 외부로 멀리 나가는 습관이 있다. 아마 주거지역과 상가지역이 철저하게 분리되어 있는, 넓은 지리적 특성 때문일 것이다. 그래서 go out가 '데이트하다'의 의미를 갖게 되었다.

I was attracted to the fact that he seemed to get me – because we were both cut from the same cloth.

번역 나는 그가 나를 이해할 것 같다는 사실에 끌렸다 - 우리 둘 다 여러모로 아주 비슷한 점이 있었기 때문이었다.

I was attracted / to the fact / that he seemed to get me / because / we were both cut/from the same cloth.

직역 나는 이미 끌린 상태였다 / 그 사실에 말이다 / 그가 나를 이해할 것 같다는 사실이었다 / 왜냐하면 / 우리는 둘 다 떼어낸 상태였다 / 똑같은 천에서 말이다.

독해 point 1(수동태)

was attracted / were both cut

수동태 형태의 핵심은 be동사 다음에 과거분사가 나온다는 것이다. 과거분사는 형용사이면서 과거시제를 포함한다. 따라서 attracted는 '이미 뭔가에 끌린 상태인'의 의미이며 cut는 '이미 잘려 나간 상태인' 이다. 수동태는 주어가 자기의 의지와는 무관하게 외부의 환경에 의해서 이미 어떤 상태에 놓여 있음을 말한다.

독해 point 2(표현)

seem to get me / cut from the same cloth

seem to ~는 '~일 것 같다'는 의미이다. 부정사 to는 '미래'의 의미를 포함하기 때문에 미래적 느낌으로 해석해야 한다. get me는 '나를 받아들이다' 즉, '나를 이해하다'의 의미이며 cut from the same cloth는 '똑 같은 천에서 떼어낸 상태'이기 때문에 '성격이나 성질, 또는 경험이 아주 똑같은'의 의미를 갖는다.

Because Dad died when I was just eighteen months old, I was denied any memories of him.

번역 아버지는 내가 겨우 18개월 되었을 때 돌아가셨기 때문에 나는 아버지에 대한 어떤 기억도 떠올릴 수 없었다.

Because Dad died / when I was just eighteen months old / I was denied/any memories of him.

직역 아버지가 돌아가셨기 때문에 / 내 나이 겨우 18개월 밖에 되지 않았을 때 / 나는 허락 받지 못했다 / 그에 대한 어떤 기억도.

독해 point 1(접속사)

because, when

접속사는 두 개의 문장을 하나로 연결하는 역할을 한다. '접속'은 하나가 아니고 두 개를 하나로 연결한다는 의미이기 때문이다. 접속사 중에서 '이유'를 말할 때는 because, '때' 를 말할 때는 when을 쓴다. 이 두 개의 접속사는 뒤에 '절'을 동반한다. '절'이란 '주어+동 사'의 형태를 갖춘 '문장'을 의미한다.

독해 point 2(수동태)

was denied

동사 deny는 일반적으로 '~을 부인하다', '~을 부정하다' 등의 의미로 기억된다. 그러나 4 형식 동사로 쓰일 때는 '~에게 ~을 허락하지 않다'는 의미를 전한다. It denied me any memories of him.은 "그것이 내게 그에 대한 어떤 기억도 허락하지 않았다."가 되며 이 것을 나의 입장으로 바꾸어 말하면 수동태 문장이 되어서 I was denied any memories of him.이 된다. "나는 그에 대한 어떤 기억도 허락 받지 못한 상태였다."가 되고 결국 "나 는 그에 대한 어떤 기억도 하지 못했다."로 의역한다.

Sentence
013

He stared at them and exposed a mammoth chip on his shoulder.

번역 그는 그들을 빤히 쳐다보면서 매우 도전적으로 말했다.

He stared at them / and exposed a mammoth chip / on his shoulder.

직역 그는 그들을 빤히 쳐다봤다 / 그리고 커다란 칩을 노출시켰다 / 그의 어깨 위에.

독해 point 1(동사)

stare, expose

stare는 '빤히 쳐다보다'의 의미를 갖는 자동사이다. 여기에서 파생되어 '째려보다', '멍하니 응시하다' 등의 의미로 해석되기도 한다. 뒤에 목적어가 필요하면 전치사 at의 도움을 받아 stare at ~의 형태로 사용된다. expose는 '~을 노출시키다'의 의미를 갖는 타동사이다. 밖에(= ex) 위치하다(pose)의 어원을 갖고 있다.

> 유의어 stare: gaze, glare/expose: reveal, bring to light, display

독해 point 2(표현)

expose a chip on one's shoulder

직역하면 '자신의 어깨 위에(on one's shoulder) 칩을 하나(a chip) 노출시키다(expose)'이다. 이것은 원어민들의 오랜 습관에서 비롯된 표현이다. 마음에 들지 않는 상대에게 싸움을 청하는 징표로 어깨 위에 칩을 올려 놓던 습관이다. 이것이 '상대에게 호전적으로 말하다', '상대에게 덤비듯이 말하다' 등의 의미를 갖게 되었다. 칩의 크기가 커질수록 호전적인 말의 강도가 세진다. 따라서 mammoth chip(거대한 칩)이라 하면 '죽일 듯이 덤벼들다' 정도의 느낌을 전한다.

Sentence
014

She was planning to use her lunchtime to have her hair done and had made an appointment with the beauty salon.

번역 그녀는 점심시간을 이용해서 머리를 할 계획이었다. 그래서 미용실에 이미 예약을 해놓았다.

She was planning / to use her lunchtime / to have her hair done / and had made an appointment / with the beauty salon.

직역 그녀는 계획을 하고 있었다 / 점심시간을 이용하기로 / 목적은 머리를 하는 것이었다 / 그래서 이미 시간약속을 잡았다 / 미용실에.

독해 point 1(사역동사)

have her hair done

사역동사 have는 '~을 하게 하다'의 의미를 갖는다. 그런데 목적 보어로 과거분사가 오면 주어가 직접 어떤 행위를 하는 게 아니라 남을 시켜서 그 행위를 하게 한다는 의미가된다. 즉, have her hair done은 '그녀가 직접 머리를 하는 게' 아니라 '남을 시켜서 그녀의 머리를 하게 한다'는 뜻이 된다는 것이다.

독해 point 2(시제의 일치)

had made an appointment

문장 전체의 중심시제는 과거(was)이다. 그녀가 과거에 계획을 세우고 있었다는 것이다. 그리고 그 계획을 실현시키기 위해서 과거 이전에 미리 미용실에 시간 약속을 했다. 그래서 과거완료형(had made)을 쓰고 있다.

appointment는 '시간약속'이고 make an appointment는 '시간약속을 하다'의 뜻이다.

At five minutes to 9:00 she became aware of a difference in the noise level in the bank.

번역 9시 5분 전에 그녀는 은행 안에서 소음레벨의 차이를 인지하게 되었다.

At five minutes to 9:00 / she became aware / of a difference / in the noise level / in the bank.

직역 9시 5분 전에 / 그녀는 알게 되었다 / 차이가 있음을 / 그것은 소음레벨의 차이였고 / 은행 안에서의 소음을 말한다.

독해 point 1(전치사)

at five minutes to 9:00

시간을 말할 때, 특히 '몇 시 몇 분 전'을 말할 때는 혼동하기 쉽다. 전치사 to의 활용이 익숙하지 않기 때문이다. 시간을 말할 때의 to는 A to B의 형태로 쓰여서 'B시 A분 전'의 의미를 전한다. 따라서 five minutes to 9:00은 '아홉시 5분 전'이다. 반대로 '9시 5분'을 말할 때는 전치사 past를 이용한다. five minutes past 9:00이 되는 것이다.

보통 '몇 시에'는 시간 앞에 전치사 at를 넣어서 표현한다. 그래서 '9시 5분 전에'를 at five minutes to 9:00이라 한다.

독해 point 2(표현)

become aware of

동사 become은 불완전 자동사로 쓰여서 뒤에 형용사를 받아 '~의 상태가 되다'의 의미를 전한다. aware는 '의식하는', '알고 있는' 등의 의미이다. 그래서 become aware는 '인지하게 되다', '알게 되다' 등으로 해석하며 '인지의 대상'은 전치사 of와 함께 뒤에 이어진다. 따라서 become aware of a difference라고 하면 '차이를 알게 되다', '차이를 인지하게 되다' 등으로 이해한다.

When you return from your honeymoon, there's going to be a nice promotion for you, along with substantial raise.

번역 신혼여행에서 돌아오면 넌 제대로 승진하게 될 거야. 상당한 월급인 상과 함께.

When you return / from your honeymoon, / there's going to be a nicepromotion for you, / along with substantial raise.

직역 네가 돌아오면 / 신혼여행에서 말이지, / 네게 멋진 승진이 소식이 있 을 거야 / 상당한 월급인상과 함께 말이지.

독해 point 1(어휘)

return from, along with, substantial raise

return은 자동사로서 '돌아오다'의 의미이다. '~에서 돌아오다'는 return from ~으로 표현한다. 부사 along은 '~와 함께'의 의미를 전하며 전치사 with와 함께 붙어서 along with ~의 형태로 쓰이면 '~에 덧붙여서' 정도로 해석한다. substantial은 '양이 상당한', raise는 '월급인상'의 의미로 쓰이고 있다. 따라서 substantial raise는 '상당한 양의 월급 인상'이 된다.

독해 point 2(표현)

there's going to be ~

'~이 있을 것이다'의 의미이다. There is ~ 구문은 '거기에 ~이 있다'가 아니라 '거기에'를 빼고 '~이 있다'로 해석한다. be going to ~는 '확실한 미래'의 의미를 갖게 되므로 there's going to be ~는 '분명히 ~이 있을 것이다'의 속뜻을 갖는다.

He was a stern-looking man in his middle sixties.

번역 그는 굉장히 근엄해 보이는 60대 중반의 남자였다.

He was a stern-looking man / in his middle sixties.

직역 그는 근엄해 보이는 남자였다 / 나이는 60대 중반이었다.

독해 point 1(형용사)

stern-looking

형용사 stern은 '근엄한'의 의미이며 stern-looking이 되면 '근엄하고 굳은 표정의' 정도
로 이해한다. 형용사에 looking이 붙으면 '얼굴이 ~의 상태로 보이는', '표정이 ~한' 등의
의미를 전한다.

> 유의어   stern: austere, bitter, grim, hard, harsh, rigid, strict

독해 point 2(표현)

in one's middle sixties

'60대 중반인'의 의미이다. 전치사 in을 사용하여 '~의 안에 놓여 있는' 정도의 느낌을
전한다. 60대는 60에서 69까지를 말하므로 sixties라고 복수형을 쓰게 된다. '중반'을
middle로 쓰고 있는데 이것을 mid로 줄여서 보통은 mid-sixties라고 표현한다. '60대 초
반'은 in one's early-sixties, '60대 후반'은 in one's late-sixties라고 한다. 물론 '60대'만
을 표현할 때는 in one's sixties라고 한다.

To be quite blunt, his news came as something of a shock to his father and me.

번역 아주 솔직히 말하자면, 그의 소식이 걔 아버지와 나한테는 뭐라할까, 충격 같은 것으로 다가왔어요.

To be quite blunt, / his news came as something of a shock / to his father and me.

직역 아주 솔직히 말하자면, / 그의 소식이 뭔가 충격 같은 것으로 다가왔어요 / 그의 아버지와 나에게는 말이죠.

독해 point 1(형용사)

blunt

'말이 직설적인'의 의미이다. 여기에 강조 부사 quite가 들어가서 quite blunt가 되면 '매우 직설적인'으로 이해한다. 따라서 To be quite blunt,는 '매우 직설적으로 말하자면', '정말 솔직히 말하자면' 등으로 해석하게 된다.

> 유의어 straightforward, candid, explicit, snappy

독해 point 2(표현)

come as a shock to ~

'~에게 충격으로 다가오다'의 의미이다. a shock 앞에 something of가 붙어서 something of a shock이라고 하면 '충격 같은 것', 또는 '일종의 충격'이 된다. 동사 come이 단순히 '사람이 오다'로만 쓰이는 게 아니라 '상황이 어떤 식으로 다가오다', '일이 어떤 식으로 진행되다' 등의 의미를 포함하고 있다는 것도 기억하고 있어야 한다.

The dinner was excellent, but she was too nervous to eat.

번역 저녁식사는 매우 훌륭했지만 그녀는 너무 긴장이 되어서 아무 것도 먹을 수가 없었다.

The dinner was excellent, / but she was too nervous / to eat.

직역 저녁식사는 매우 훌륭했다, / 그러나 그녀는 너무 긴장이 되었다 / 그래서 결국 먹을 수가 없었다.

독해 point 1(형용사)

excellent

'매우 훌륭한', '탁월한' 등의 의미이다. 사람의 능력이나 실력을 칭찬할 때 뿐 아니라 일의 결과, 사물, 음식 등 탁월하다는 칭찬이 가능한 모든 부분에 적용되는 어휘이다.

> 유의어   superior, wonderful, exceptional, exquisite, magnificent

독해 point 2(too~to)

too nervous to eat

흔히 말하는 too ~ to… 용법이다. '너무 ~해서 …할 수 없다'로 해석하는데 부정어(not)가 없음에도 불구하고 '할 수 없다'로 해석되는 이유는 강조부사 too 때문이다. too는 '너무'라는 뜻이며 그 결과가 부정적임을 암시한다. 따라서 too nervous 즉, '너무 긴장된 상태'의 결과인 to eat가 부정적인 의미를 내포한다는 것이다. '먹을 수 있다'는 긍정, '먹을 수 없다'는 부정, 결국 too의 영향으로 to eat는 '먹을 수 없다'로 해석된다.

She made a cup of coffee and let it grow cold while she sat in the dark.

번역 그녀는 커피를 한 잔 끓였고 어둠 속에 앉아 있는 동안 커피는 점점 식어갔다.

She made a cup of coffee / and let it grow cold / while she sat in the dark.

직역 그녀는 커피를 한 잔 끓였다 / 그리고 식어가게 내버려 두었다 / 그동안 그녀는 어둠 속에 앉아 있었다.

독해 point 1(사역동사)

let it grow cold

사역동사 let가 쓰였다. '~을 허락하다', '~을 …의 상태로 내버려 두다'의 등의 의미이다. 사역동사의 목적 보어로 원형(grow)을 쓰는 이유는 '당장 뭔가를 하게끔 하다', '당장 어떤 상태가 되게끔 하다' 즉, '당장'의 의미를 주기 위함이다. to 부정사는 '미래'의 의미를 전하기 때문에 사역동사와의 연결은 맞지 않다.

이 표현을 '커피는 점점 식어갔다'라고 해석했는데 그 속뜻은 '마시지도 않고 커피가 식어가도록 가만히 내버려 두었다'가 된다.

독해 point 2(접속사)

while

뒤에 문장을 이끌면서 '~하는 동안에'의 의미를 전한다. 그러나 번역이 아닌, 단순한 문장의 이해를 위하여 쭈욱 읽어 내려가거나 대화하면서 문장을 바로바로 이해해야 할 때는 뒤에 나올 말을 기다렸다가 '~하는 동안에'라고 해석을 붙일 여유가 없다. 그럴 때는 while을 '그러는 동안에'라고 해석하고 뒤에 이어지는 절의 해석으로 바로 넘어가는 것이 좋다.

Peering over the fence was a blond little girl who looked about his age.

번역 울타리 너머로 유심히 보고 있는 건 그의 나이 또래로 보이는 금발의 작은 소녀였다.

Peering over the fence / was a blond little girl / who looked about his age.

직역 울타리 너머로 유심히 보고 있는 건 / 금발의 작은 소녀였다 / 그녀는 거의 그의 나이 또래로 보였다.

독해 point 1(도치)

Peering over the fence was ...

주어와 보어의 도치구문이다. 원래는 A blond little girl who looked about his age was peering over the fence.인 문장을 보어구인 peering over the fence를 앞으로 내보낸 것이다. 가만히 있는데 뒤에서 누군가 보고 있다는 느낌이 들어서 고개를 돌려보니 작은 소녀였다는 흐름의 표현법이다. 문장을 통해서 장면과 상황을 파악하는 힘을 길러야 한다. 그런 의미에서 도치는 상당히 중요한 문법이다. 동사 peer는 '유심히 보다', '응시하다' 등의 의미를 갖는 자동사이다.

유의어 look fixedly, gawk, glare, get an eyeful

 독해 point 1(표현)

look about his age

'그의 나이 또래로 보이다'의 의미이다. 부사 about는 '~쯤', '거의' 등의 의미로 쓰인다. He's my age.라고 하면 "그는 나와 나이가 같다."는 의미이며 He looks my age.는 "그는 나와 나이가 같아 보인다," He looks about my age.는 "그는 내 또래로 보인다."로 이해한다.

He was surprised when, after introducing herself, she suggested they play catch.

번역 그는 그녀가 자신을 소개한 후에 캐치볼을 하자고 제안해서 놀랐다.

He was surprised / when, / after introducing herself, / she suggested / they play catch.

직역 그는 놀랐다/어느 때인가 하면, / 자신을 소개한 후에, / 그녀가 제안을 했을 때였다 / 같이 캐치볼을 하자고 말이다.

독해 point 1(삽입)

after introducing herself

삽입은 문장의 의미를 보다 선명하게 전하기 위해서, 또는 어휘나 구문, 문장을 강조하기 위해서 문장 중간에 구나 절을 삽입하는 것을 의미한다. 본문에서는 when 즉, 정확한 '때'의 시점을 보다 정확히 강조하기 위해서 after introducing herself를 삽입구로 넣었다. after는 '전치사'이기 때문에 뒤에 동명사를 썼다. introduce oneself는 '자신을 소개하다'이다.

독해 point 2(동사원형)

suggested ~ play

suggest는 '~을 제안하다'이다. 그 '제안'이 지금 뭔가를 하자는 제안이면 '지금 당장'을 강조하기 위해서 뒤에 이어지는 문장(목적절)의 동사를 원형으로 적는다. 그래야 지금 당장을 강조하는 '명령'의 형태가 되기 때문이다. suggest의 시제가 과거일지라도 목적절의 동사(play)는 그대로 원형이 유지된다.

He reached into his pocket and produced a pack of cigarettes labeled 'Lucky Stripe' and offered one to her.

번역 그는 자기 주머니에 손을 넣고 '럭키 스트라이프'라고 라벨이 붙은 담배 한 갑을 꺼내어 그 중 한 개피를 그녀에게 권했다.

He reached into his pocket / and produced a pack of cigarettes / labeled 'Lucky Stripe' / and offered one to her.

직역 그는 자기 주머니에 손을 넣었다 / 그리고 담배 한 갑을 꺼냈다 / '러키 스트라이브'라고 라벨이 붙어 있었다 / 그리고 한 개피를 그녀에게 권했다.

독해 point 1(어휘)

reach into, produce, offer

reach into ~는 '~안으로 손을 뻗다'의 의미이다. 따라서 reach into his pocket는 '자기 주머니 안으로 손을 넣다'가 된다. produce는 '(전에는 눈에 보이지 않던 것을) 생산하다' 의 의미에서 출발하여 '(눈에 띄지 않던 것을) 꺼내 보이다'의 뜻까지 전달하게 된다. 따라서 produce a pack of cigarettes는 '(눈에 띄지 않던) 담배 한 갑을 꺼내 보이다'의 의미가 된다. offer는 '~을 제공하다'에서 출발하여 '~을 권하다'까지 의미가 확장된다.

독해 point 2(수동태)

labeled 'Lucky Stripe'

'럭키 스트라이브로 딱지 붙은'의 의미이다. They labeled the pack of cigarettes 'Lucky Stripe'.는 "그들은 그 담배 갑에 '럭키 스트라이프'라고 딱지를 붙였다."의 의미이다. 이것을 수동태로 바꾸면 The pack of cigarettes were labeled 'Lucky Stripe'.가 된다. 여기에서 파생되어 '럭키 스트라이프라고 딱지 붙은 담배 갑'은 a pack of cigarettes labeled 'Lucky Stripe'가 된다.

He got the coughing under control and pulled a handkerchief from his back pocket.

번역 그는 기침을 멈추고 뒷주머니에서 손수건을 꺼냈다.

He got the coughing under control / and pulled a handkerchief / from his back pocket.

직역 그는 기침을 억제했다 / 그리고 손수건을 꺼냈다 / 뒷주머니에서.

독해 point 1(표현)

get something under control

under control은 '통제 하에 둔 상태인'의 뜻이므로 get something under control은 '뭔가를 통제 하에 두다', '뭔가를 억제하다', '뭔가를 멈추다' 등으로 해석할 수 있다. 그래서 get the coughing under control은 '기침을 멈추다'로 이해한다.

 유의어 control: check, curb, discipline, management, restraint

독해 point 2(동사)

pull A from B

동사 pull은 '~을 잡아 당기다'의 의미이다. '어디에 있는 물건을 잡아당기다'는 '어디에 있는 물건을 꺼내다'로 이해한다. 이것을 pull A from B로 표현한다. 따라서 pull a handkerchief from his back pocket는 '손수건을 그의 뒷주머니에서 꺼내다'로 해석하는 것이다. from 대신 out of를 사용하여 pull A out of B로 표현하기도 한다. 동사의 의미를 기억하는 것에서 멈추어서는 안된다. 그 동사가 문장 안에서 활용되는 모습을 정확히 이해하고 기억해 두어야 한다.

I can supply you with information about fabulous jewels and paintings, and how you can safely acquire them.

번역 내가 당신한테 기막힌 보석류와 그림들에 관한 정보를 제공해줄 수 있어. 그리고 당신이 그것들을 안전하게 취득할 수 있는 방법을 말이지.

**I can supply you with information
/ about fabulous jewels and paintings,
/ and how you can safely acquire them.**

직역 나는 당신에게 정보를 제공해줄 수 있어 / 기막힌 보석류와 그림들에 관한 정보 말이야, / 그리고 어떻게 하면 당신이 그것들을 안전하게 손에 넣을 수 있는지 그 방법까지.

독해 point 1(동사)

supply A with B

동사 supply는 '~을 공급하다', '~을 제공하다' 등의 의미이다. 공급물을 구체적으로 표현하기 이해서는 supply A with B의 형태를 이용하는 것이며 'A에게 B를 공급하다'로 해석한다. 따라서 supply you with information이라고 하면 '너에게 정보를 공급하다', 즉, '너에게 정보를 제공하다'의 뜻이 된다.

유의어 supply: furnish, provide, afford, come up with, hand over

독해 point 2(동사)

acquire

뭔가를 '획득하다', '취득하다', '손에 넣다' 등의 의미를 갖는 타동사이다. 따라서 acquire jewels and paintings라고 하면 '보석류와 그림들을 손에 놓다'로 이해한다.

유의어 obtain, attain, collect, earn, grab

Despite their circumstances, he was taught to love and to care.

번역 그들이 처한 상황에도 불구하고, 그는 사랑하고 배려하라는 가르침을 받았다.

Despite their circumstances, / he was taught / to love and to care.

직역 그들이 처한 상황에도 불구하고, / 그는 가르침을 받았다 / 사랑하고 배려하라는.

독해 point 1(전치사)

despite

'~에도 불구하고'의 의미를 전한다. 따라서 despite their circumstances는 '그들의 환경
에도 불구하고'가 된다. circumstances는 '사정', '상황', '환경' 등의 의미를 갖는다.

> 유의어 in spite of, regardless of, against, even with

독해 point 2(수동태)

be taught

동사 teach는 자동사로 쓰일 때는 '가르치다'의 의미이고 타동사로 쓰이면 '~을 가르치다'
가 된다. 이 타동사가 수동형이 되면 be taught가 되어 '가르침을 받다'의 의미를 전한다.
to 부정사는 '미래'의 의미를 갖고 있으므로 be taught to love는 '사랑하라고 가르침을 받
다'가 되고 care는 '배려하다'의 자동사의 의미를 갖고 있어서 be taught to care라고 하면
'남을 배려하라고 가르침을 받다'로 해석하게 된다.

They knew he had been neglected, raised in poverty by his brother and some sympathetic relatives.

번역 그들은 그가 보살핌도 받지 못한 상태로 방치되었었고 가난에 찌든 상태에서 그의 형과 동정심을 갖고 있던 친척들이 그를 길렀다는 사실을 잘 알고 있었다.

They knew / he had been neglected, / raised in poverty / by his brother and some sympathetic relatives.

직역 그들은 알고 있었다 / 그가 방치되었었다는 사실을 / 그는 가난 속에서 길러졌다 / 그의 형과 동정심이 있던 친척들에 의해서.

 독해 point 1(시제의 일치)

knew/had been

이야기의 중심은 '과거(knew)'이다. 당연히 그 전에 일어난 일은 '과거완료(had been)'로 표현하게 된다. 시제의 흐름에 민감하지 않으면 특히 말할 때나 글을 쓸 때 의사전달이 정확하게 이루어지지 않는다. 영어를 대충하는 버릇은 시제 앞에서 무너진다. 문법의 내용 이전에 형식에서 무너지면 더 이상 영어를 이용한 의사진행은 이루어질 수 없다.

 독해 point 2(수동태)

had been neglected, raised

동사 neglect는 '~을 방치하다'의 의미이다. 사람이나 동물, 또는 어떤 장소를 제대로 돌보거나 간수하지 않고 방치한다는 뜻이다. 따라서 수동태인 be neglected가 되면 '방치되다'로 해석된다. 동사 raise는 '~을 기르다'이며 수동형인 be raised는 '길러지다', '타인의 도움으로 자라다'의 의미로 이해한다. had been neglected and raised에서 and가 생략되며 그 자리에 콤마가 온 것이다.

We're very careful whom we hire, and our goal is for each new associate to become a partner as soon as possible.

번역 우리는 매우 조심스럽게 사람을 고용합니다. 그리고 우리의 목표는 새로운 동료 한 사람 한 사람이 가능한 한 빨리 파트너가 되어 주는 겁니다.

We're very careful / whom we hire, / and our goal is / for each new associate / to become a partner / as soon as possible.

직역 우리는 매우 조심스럽죠 / 우리가 고용하는 사람에 대해서 말입니다, / 그리고 우리의 목표는 / 새로운 동료 각자가/파트가 되는 겁니다 / 가능한 한 빨리 말이죠.

독해 point 1(형용사)

careful

형용사 careful은 '조심하는', '주의 깊은' 등의 의미를 갖는다. 뒤에 to 부정사, 전치사구, 또는 의문부사(how, when)나 의문대명사(who, what)가 이어질 수 있다. whom은 who 의 목적격이다. 따라서 be careful whom we hire는 '우리가 누구를 고용하느냐의 문제 에 있어서 조심하다'의 의미가 되며 이것을 '조심스럽게 사람을 고용하다'로 의역한다.

> 유의어 cautious, attentive, wary, deliberate

독해 point 2(의미상의 주어)

for each new associate

의미상의 주어는 3인칭, 또는 비인칭 주어로 시작된 문장의 의미를 주도하는 실질적인 주어를 의미한다. our goal is to become a partner만 놓고 보면 '우리의 목표는 파트너 가 되는 것이다'인데 실제로는 우리가 파트너가 되는 게 아니라 우리 새로운 동료 각자 가 파트너가 되는 게 우리의 목표이다. 그럴 때 to become a partner의 실질적인 주어는 each new associate가 되어 전치사 for와 함께 to 부정사 앞에 자리하게 된다. 그것이 의 미상의 주어이다.

For the next few hours she was too busy at the computer to think about anything else.

번역 그 다음 몇 시간 동안 그녀는 컴퓨터작업을 하느라 너무 바빠서 다른 아무 것도 생각할 수가 없었다.

For the next few hours / she was too busy / at the computer / to think about anything else.

직역 그 다음 몇 시간 동안 / 그녀는 너무 바빴다 / 컴퓨터에서 / 다른 어떤 것을 생각하기에는.

독해 point 1(한정사)

a few hours

어떤 것의 양을 한정한다고 해서 '한정사'라 부른다. a few는 '셀 수 있는 명사가 몇 개, 또는 여러 개 있음'을 의미하며 few만 쓰게 되면 '셀 수 있는 명사가 거의 없음'을 의미한다. 둘 다 복수명사와 함께 쓰인다. '몇 시간'을 말할 때는 few hours라고 하지 않는다. a few hours가 일반적이다. 본문에서는 그 a의 자리에 the next가 왔다. 따라서 the next few hours는 '그 다음 몇 시간'을 뜻한다.

독해 point 2(표현)

busy at the computer

표현이 생각보다 쉽지 않다. 직역하면 '컴퓨터에서 바쁜'이 되는데 그래서는 소통이 되지 않는다. 컴퓨터에서 바쁘다는 것은 컴퓨터 앞에 앉아서 작업을 하느라 바쁘다는 것을 의미한다. be at the desk는 '책상에 앉아서 일을 하다'의 의미이며 be at table은 '식탁에 앉아서 식사 중이다'의 의미가 된다. 전치사와 명사의 조합이 주는 정확한 의미 이해가 중요하다.

Sentence 030

When an account was to be debited, she entered the account number, the amount, and the bank to which the money was to be transferred.

번역 계좌에서 현금이 인출될 때, 그녀는 계좌번호, 인출금액, 그리고 그 돈이 이체될 은행을 입력했다.

When an account was to be debited, / she entered the account number, the amount, and the bank / to which the money was to be transferred.

직역 계좌에서 돈이 인출 될 때, / 그녀는 계좌번호, 인출금액, 그리고 은행을 입력했다 / 그 은행은 돈이 이체될 은행을 말한다.

독해 point 1(부정사)

be to be debited, transferred

부정사는 '미래'의 의미를 갖는다. debit an account는 '계좌에서 돈을 인출하다'이며 an account is to be debited는 '계좌에서 돈이 인출될 것이다'의 의미가 되고 When an account is to be debited는 '계좌에서 돈이 인출되어야 할 때' 정도로 이해한다. transfer money는 '돈을 이체하다'이며 the money is to be transferred는 '그 돈이 이체될 것이다'가 된다.

독해 point 2(관계대명사)

to which the money was to be transferred

the money was to be transferred to the bank에서 목적어인 the bank가 관계대명사 which로 대체되며 to와 함께 앞으로 나간 형태이다. 전치사의 위치는 명사의 앞이므로 명사가 관계대명사로 대체되어 앞으로 나갈 때는 함께 움직이는 것이 정상이다.

He prided himself on knowing every employee's first name.

번역 그는 모든 직원들의 이름을 알고 있다는 사실을 스스로 자랑스러워 했다.

He prided himself / on knowing every employee's first name.

직역 그는 스스로를 자랑스러워했다 / 모든 직원들의 이름을 알고 있다는 사실에 대해서.

독해 point 1(표현)

pride oneself on

pride는 명사로서 '자부심, 자존심' 등의 의미를 갖는다. 그러나 동사구를 만들 때가 있는데 바로 이 표현이다. 직역하면 '~에 있어서 자기 자신에게 자부심을 주다'가 된다. 그래서 '~을 스스로 자랑스러워하다', '~에 자부심을 갖다' 등으로 해석하게 된다. You can pride yourself on your ability.라고 말하면 "넌 네 능력에 자부심을 갖아도 돼." 정도로 이해한다.

독해 point 2(어휘)

first name

우리가 '성(姓)'과 '이름'으로 나누듯이 그들에게도 성과 이름이 있다. 우리와는 달리 그들은 성과 이름의 위치가 바뀌어 있다. 이름이 먼저 나오고 성을 나중에 부르는 것이다. 그래서 이름을 first name이라 하고 성을 last name이라 한다. 상대를 부를 때 first name을 이용하면 친근함이나 부담 없는 사이임을 나타내는 것이고 last name으로 부르게 되면 격을 차리는 형식적인 관계임을 나타낸다. 따라서 상대가 last name으로 자신을 부르면 first name으로 불러 달라고 청하는 경우가 종종 있다. 자신을 친근하게 대해달라는 의미이다. 본문처럼 상사가 부하직원들의 성이 아닌 이름을 모두 알고 있어서 각각의 직원들을 부를 때 이름으로 부른다는 것은 부하직원들과 허물없이 지내고자 하는 상사의 의욕을 보여주는 것이다.

I assume you'll be returning here to work with us.

번역 나는 자네가 여기로 돌아와서 우리와 함께 일하게 될 거라고 생각해.

I assume / you'll be returning here / to work with us.

직역 내 생각은 그렇다 / 자네가 이리 돌아오게 될 거라고 / 우리와 함께 일하기 위해서 말이지.

독해 point 1(동사)

assume

보통 '~라고 생각하다'로 해석한다. 하지만 think와는 근본적으로 다르다. think는 무엇이
되었든 단순한 자기 생각의 표현이라면 assume은 정확한 논리나 증거 없이 어떤 일의
상황이나 결과에 대해서 그저 추론만으로 당연시 하며 말할 때 사용한다.

유의어 believe, take for granted, infer, presume

독해 point 2(미래진행)

you'll be returning here

조동사 will은 미래에 확실히 일어날 일을 말하며 be 동사는 '단정적인 사실'을 말할 때 쓰
인다. 따라서 will과 be 동사가 함께 쓰이는 미래진행(will be)의 경우는 '매우 당연하고
확실한 미래'에 해당된다. you'll be returning here는 '네가 분명히 여기로 다시 돌아올
것이다'의 의미를 전한다.

When her father had died, many overtures had been made by people who wanted to buy the business.

번역 그녀의 아버지가 돌아가셨을 때 그 사업체를 사고 싶어하는 사람들로 부터 많은 제안들이 몰려왔다.

When her father had died, / many overtures had been made / by people who wanted to buy the business.

직역 그녀의 아버지가 돌아가셨을 때, / 많은 제안들이 들어왔다 / 그 사업 체를 사기를 원하는 사람들에 의해서.

독해 point 1(수동태)

many overtures had been made

'사업을 위한 제안'의 의미로 overture가 사용되고 있다. make overtures라고 하면 '여러
가지 제안을 하다'가 되며 수동태인 overtures are made는 '여러가지 제안들이 이루어진
상태이다'가 정확한 의미이다. 이것을 '여러가지 제안이 이루어지다', '여러가지 제안이 오
다' 등으로 해석한다. 수동태는 '주어의 상태'를 말할 때 사용한다.

독해 point 2(관계대명사)

people who wanted to buy ~

They wanted to buy the business에서 they가 바로 앞에 나온 people과 같은 사람을
지칭하므로 관계대명사 주격 who의 도움을 받아 한 문장으로 연결한 것이다. business
는 '사업' 뿐 아니라 '사업체'의 의미도 포함하고 있어서 buy the business는 '그 사업체를
사다'로 이해한다.

Sentence
034

The dirt road became asphalt; horse and carriage gave way to cars.

번역 그 흙으로 된 도로는 아스팔트 도로가 되었다; 마차가 자동차로 대체된 것이다.

The dirt road became asphalt; / horse and carriage gave way to cars.

직역 그 흙으로 된 도로는 아스팔트가 되었다; / 말이 끄는 마차가 자동차에게 길을 내준 것이었다.

독해 point 1(구두점)

semicolon(;)

글을 읽을 때 구두점을 정확히 이해하고 있어야 저자의 의도를 제대로 파악할 수 있다. 또한 구두점을 제대로 활용할 수 있어야 글을 쓸 때 함축적인 의미의 전달을 자연스럽게 끌어낼 수 있다. 세미 콜론은 앞의 문장과 밀접하게 연관된 의미의 문장을 이용하여 앞의 문장을 부연 설명할 때 사용한다. 앞서 한 말의 의미를 오해없이 좀 더 정확하게 전달하기 위한 것이다.

독해 point 2(표현)

give way to

말 그대로 '~에게 길을 내어주다'의 의미이다. 한 시대를 풍미한 뭔가가 그 다음 시대를 위해서 길을 터준다는 의미를 담고 있다. 그래서 '~로 바뀌다', 또는 '~로 대체되다'로 해석될 수 있다. 따라서 horse and carriage gave way to cars는 '마차가 자동차에게 길을 내주다', 즉 '마차의 시대에서 자동차의 시대로 넘어가다'의 의미를 전한다.

Standing in the crowded airport waiting for her suitcase, she felt suffocated.

번역 여행가방이 나오기를 기다리며 붐비는 공항 안에 서있는 동안 그녀는 숨이 막히는 것 같았다.

Standing in the crowded airport / waiting for her suitcase, / she felt suffocated.

직역 붐비는 공항에 서있는 동안 / 여행가방을 기다리면서 / 그녀는 숨이 막힐 듯 했다.

독해 point 1(분사구문)

Standing in the crowded airport

이처럼 문장의 시작이 분사일 때는 그것이 분사구문임을 쉽게 이해할 수 있다. 분사구문
에서는 흔히 접속사가 생략된다. 그 이유는 분사의 의미가 접속사의 의미를 포함하기 때
문이다. standing은 '서있으면서'의 뜻이기 때문에 '~하는 동안'을 뜻하는 접속사 while의
의미를 포함한다. 따라서 자연스럽게 while을 생략하고 standing을 문장의 맨 앞에 둘 수
있는 것이다. 해석은 '사람들로 붐비는(crowded) 공항에 서있는 동안'이 된다. 본문에서
뒤에 이어지는 waiting은 standing과 동시에 일어나는 동작임을 의미한다. 그럴 때는 앞
에 콤마(,)없이 바로 분사형(waiting)을 이용한다.

독해 point 2(표현)

feel suffocated

동사 suffocate는 자동사의 의미도 갖지만 흔히 '질식사하게 하다'의 의미를 갖는 타동사
로 쓰인다. 따라서 be suffocated는 '질식사한 상태이다'가 된다. 여기에 feel을 붙여서
feel suffocated라고 하면 '질식사할 것 같은 기분이다'로 이해한다.

유의어 suffocate: choke, strangle, stifle, smother

She tried to move close to the baggage carousel, but no one would let her through.

번역 그녀는 수하물 컨베이어벨트 가까이로 다가가려고 했지만 아무도 지나가게 해주지 않았다.

She tried to move close / to the baggage carousel, / but no one would let her through.

직역 그녀는 가까이 다가가려고 했다 / 수하물 컨베이어벨트로 / 하지만 아무도 그녀가 통과하게 해주지 않았다.

독해 point 1(표현)

move close to/let her through

move close to ~를 직역하면 '~로 가까이 움직이다'가 된다. 이것을 '~로 가까이 다가가다'로 의역한다. 아주 사소한 의역 같지만 우리말다운 이해의 차원에서는 매우 중요한 해석이다. carousal은 '공항에서 짐이 올려져 돌아가는 컨베이어벨트'를 의미한다. 따라서 move close to the baggage carousel은 '짐 찾는 컨베이어벨트로 가까이 다가가다'가 된다. let her through는 '그녀를 통과하게(through) 놔두다(let)'가 직역이다. 이것을 '그녀를 지나가게 해주다'로 의역한다. 어휘 하나하나의 정확한 해석이 이루어져야 결국 숙어가 이해된다.

독해 point 2(시제의 일치)

tried, would

중심시제인 tried가 과거시제이다. 따라서, 뒤 문장의 시제는 과거와 일관성 있게 움직여야 한다. 미래의 의미를 전하는 will의 형태가 과거시제인 would로 바뀌는 이유이다. 그리고 no one would의 해석은 '아무도 ~하려하지 않았다'가 된다. 주어의 '의지'를 담은 조동사 will의 의미가 그대로 살아 있다. 따라서, no one would let her through는 '아무도 그녀를 지나가게 해주지 않았다'로 해석한다.

As her taxi slowed to a stop in front of the house, she was shocked to see a large sign on the lawn.

번역 그녀의 택시가 천천히 그 집 앞에 정차할 때 그녀는 잔디 위에 세워져 있는 커다란 표지판을 보고 충격을 받았다.

As her taxi slowed to a stop / in front of the house, / she was shocked / to see a large sign / on the lawn.

직역 그녀의 택시가 천천히 멈출 때 / 그 집 앞에, / 그녀는 충격을 받았다 /커다란 간판을 본 것이었다 / 잔디 위에 세워져 있는.

독해 point 1(접속사)

as

접속사들 중에서 가장 많은 혼란을 유발하는 접속사이다. 여러 개의 뜻을 포함하기 때문이다. 그 뜻들 중에 while과 when의 느낌을 모두 포함하는 지점이 있다. while에는 '동작'의 개념이 포함되어 있고 when에는 '정지된 순간'의 개념이 포함되어 있다. 이 두 개념 모두에 활용되는 접속사가 바로 as이다. '~할 때', 또는 ~하면서' 정도로 흔히 해석된다.

독해 point 2(표현)

slow to a stop, was shocked to see

slow가 동사로 쓰이고 있다. '천천히 가다가 멈춘다'가 바로 slow to a stop이다. 직역하자면 'a stop을 향해서 slow하다'가 된다. 하나하나 세세한 상황설명에 필요한 표현들은 그것이 복잡한 것이 아니라면 기억해둘 필요가 있다. 대화할 때나 글을 쓸 때 큰 도움이 된다. '충격을 받은 이유는 ~을 봤기 때문이었다'를 말할 때 was shocked to see ~의 형태를 이용한다. 충격을 받은(was shocked) 이유가 to 이하에 나오는 것이다.

She had been given her own key to the house when she was in the seventh grade and had carried it with her since as a talisman.

 그녀는 그 집 열쇠를 7학년때 받았고 그때 이후로 부적처럼 늘 가지고 다녔다.

She had been given her own key / to the house / when she was in the seventh grade / and had carried it with her / since / as a talisman.

직역 그녀는 자기 열쇠를 받았다 / 그 집 열쇠였다 / 그때가 그녀가 7학년때였다 / 그리고 그것을 늘 가지고 다녔다 / 그때 이래로 계속 / 부적처럼.

독해 point 1(수동태)

been given her own key

능동태와 수동태의 선택은 당연히 주어의 선택에 달렸다. 한 문장이 완전히 동떨어져서 존재하지는 않으므로 한 단락안에서 일관성 있게 흘러가는 주어에 맞추어서 태를 선택해야 한다. 본문은 She를 중심으로 흘러가는 단락 안에서의 문장이다. 그래서 '열쇠를 받았다'가 되어 be given her own key가 된 것이다. 만일, 열쇠를 준 사람(they)이 중심이라면 능동문으로 바뀌어 They had given her her own key.가 된다.

독해 point 2(전치사/부사)

to, in, as, since

한 문장안에서 전치사의 선택은 대단히 중요하다. 따라서 전치사의 의미와 활용을 정확히 통제할 수 있어야 한다. '그 집 열쇠'는 a key to the house라 표현한다. '학년'을 말할 때는 '그 학년 안에 포함되어 있다'는 느낌으로 in을 써서 in the seventh grade라 말하고 '~로서'와 '~처럼'의 느낌을 동시에 나타내는 as의 활용 역시 중요하다. as a talisman은 '부적으로서', '부적처럼' 등의 해석이 가능하다. since가 부사로 쓰일 때는 '그때 이후로 계속'의 의미를 전한다.

She hurried upstairs and stood in the doorway of the bedroom she had occupied most of her life.

번역 그녀는 급히 위층으로 올라가서 그녀가 살면서 대부분의 시간을 지냈던 침실 문 앞에 섰다.

She hurried upstairs / and stood in the doorway / of the bedroom / she had occupied / most of her life.

직역 그녀는 급히 위층으로 올라갔다 / 그리고 문 앞에 섰다/침실 문 앞 / 그녀가 그동안 지냈던 침실이었다 / 그녀 인생 대부분의 시간을.

독해 point 1(부사)

upstairs

언뜻 보기에 부사가 아닌 명사처럼 보이는 어휘이다. 따라서 활용에 각별히 주의해야 한다. 동사 hurry는 자동사로서 '서둘러 가다'의 의미를 갖는다. 목적어(명사)를 뒤에 받을 수 없다. 따라서 hurry의 입장에서 보더라도 upstairs가 명사일 수 없다. upstairs는 '위층으로', '위층에' 등의 의미를 갖는다. hurry upstairs는 '서둘러서 위층으로 가다'가 정확한 뜻이다.

독해 point 2(시제의 일치)

hurried, stood, had occupied

이 문장의 중심시제는 과거이다. hurried와 stood가 그렇다. '서둘러 가서 섰다'는 의미이다. 그런데 그녀가 가서 선 곳은 그녀가 과거 이전부터 이용했던 침실의 문 앞이었다. 과거 이전부터 이용했다면 당연히 과거완료가 필요하다. 그래서 had occupied를 쓴 것이다. 시제의 일치. 동사 occupy는 '~을 차지하다', '~을 사용하다', '~에 거주하다' 등의 의미를 전하는 타동사이며 in the doorway는 '문이 열리면 펼쳐지는 길 안' 즉, '문 앞'을 의미한다.

I was heavily recruited until I messed up a knee in my last high school game.

번역 나는 고등학교 마지막 시합에서 무릎부상을 당할 때까지 많은 팀으로부터 스카우트 제의를 받았다.

I was heavily recruited / until I messed up a knee / in my last high school game.

직역 나는 많은 스카우트 제의를 받았다 / 그러다가 무릎이 망가졌다 / 고등학교 마지막 시합에서.

독해 point 1(수동태)

was heavily recruited

heavily는 농도나 양이 짙고 많다는 의미의 부사이다. recruit는 '~을 뽑다', '~을 모집하다' 등의 의미이며 수동태인 be recruited는 '모집을 받다' 즉, '스카우트 제의를 받다'로 이해한다. 결국 I was heavily recruited는 '나는 많은 곳으로부터 스카우트 제의를 받았다'가 된다.

독해 point 2(접속사)

until

'~일 때까지 계속'의 의미를 전하는 접속사이다. mess up a knee는 '무릎을 망가뜨리다' 의 의미이다. 따라서 until I messed up a knee는 '내가 무릎을 망가뜨릴 때까지'이며 그 때까지 I was heavily recruited, 나는 계속 많은 곳으로부터 스카우트 제의를 받았다는 뜻이 된다. 하지만 글을 읽어내려 가며 그 의미를 이해할 때는 접속사가 이끄는 문장을 먼저 해석하고 다시 앞으로 넘어가서 해석할 상황이 되지 않는다. 그럴 때는 문장의 앞 부분을 해석한 후에 이어지는 접속사의 의미를 '부사적'으로 자연스럽게 연결하고 접속사의 뒷문장을 해석하는 것이 옳다. until은 '그러다가'로 해석하는 것이 자연스럽다.

They recruited the number one grad from Harvard, who happened to be a she and a wizard at taxation.

번역 그들은 하버드 최고의 졸업생을 뽑았다, 뽑고 나니 그는 우연히 여학생이었고 조세의 귀재였다.

They recruited the number one grad / from Harvard, / who happened to be a she / and a wizard at taxation.

직역 그들은 최고 졸업생을 뽑았다 / 하버드 졸업생 중에서, / 그는 우연히도 여자였다 / 그리고 조세의 귀재였다.

독해 point 1(어휘)

number one, grad, happen to, she, wizard, taxation

number one은 말 그대로 '넘버원', '최고'라는 의미이다. grad는 graduate 즉, '졸업생'의 줄임 말이며 happen to는 '의도치 않게 우연히 ~이다/~하다'로 이해한다. she는 '여성'의 의미로 쓰이고 있고 wizard는 '귀재'이며 taxation은 '조세', '과세제도' 등의 뜻을 갖는다.

독해 point 2(관계대명사)

who happened to be a she

관계대명사 앞에 콤마(,)가 붙어 있을 때는 관계대명사의 계속적 용법이라고 말한다. 이럴 때는 앞 부분을 해석한 후에 '그리고 그는 ~'으로 말을 잇는다. 콤마가 없을 때도 계속적 용법과 같은 방법으로 문장을 이해하는 게 옳지만 그것은 임의적인 해석이고 콤마가 있는 계속적 용법일 때는 임의가 아닌 공인된 해석이 되는 것이다.

On the contrary, he takes for granted that I will be instantly at his disposal.

번역   그와는 반대로, 그는 당연히 내가 즉시 자기 마음대로 움직일 거라 생각한다.

On the contrary, / he takes for granted / that I will be instantly at his disposal.

직역   반대로, / 그는 당연하게 여긴다 / 내가 즉시 자기의 뜻대로 움직일 거라고.

독해 point 1(표현)

on the contrary, at one's disposal

contrary가 명사로 쓰여서 on the contrary는 '그와는 반대로'의 의미를 전한다. disposal 은 '처리', '처분' 등의 뜻이며 at one's disposal을 직역하면 '자기의 처분에 따라'가 되고 이것을 의역하면 '자기 마음대로 이용할 수 있게' 정도의 뜻이 된다. 따라서 I will be at his disposal은 '나는 그의 뜻대로 움직이게 될 것이다'의 뜻이 된다.

독해 point 2(표현)

take for granted that ~

take for ~는 '~라고 생각하다', '~라고 받아들이다' 등의 의미이다. grant는 '~을 허락하다', '~을 승인하다' 등의 뜻이며 granted는 '허락된', '승인된' 등의 의미로 이해한다. 따라서 take for granted는 '승인된 것으로 생각하다'로 직역하고 '당연하게 여기다'로 의역하게 된다. "그걸 당연하게 여기지마."는 Don't take it for granted.이다.

For all his arrogance I can sense an implicit acknowledgment that I have a power he himself does not possess.

그의 오만함에도 불구하고 그 오만함 속에서 나는 그가 소유하지 못
한 권한을 가지고 있다는 사실에 대한 인정이 내포되어 있음을 느낄
수 있다.

For all his arrogance / I can sense an implicit acknowledgment / that I have a power / he himself does not possess.

그의 오만함에도 불구하고 / 나는 내재된 시인[인정]을 감지할 수 있
다 / 내가 권한을 가지고 있다는 사실에 대한 시인이다 / 그 자신은
소유하고 있지 못한 권한.

독해 point 1(명사)

arrogance, acknowledgment

arrogance는 '오만'과 '거만함'이다. 형용사는 arrogant이다. acknowledgment는 '시인',
'자백' 등의 의미를 갖고 있으며 동사 acknowledge는 '~을 인정하다'의 뜻으로 쓰인다.
for all ~은 '~에도 불구하고'의 의미를 갖는 숙어이다. 따라서 for all his arrogance는 '그
의 거만함에도 불구하고'로 이해한다.

> 유의어 arrogance: disdain, pride, conceit/acknowledgment:
> confirmation, assent, acceptance

독해 point 2(동사, 형용사)

sense, implicit, possess

동사 sense는 '~을 감지하다', '~을 느끼다' 등의 의미이고 implicit는 '암시된', '내재된' 등
으로 이해한다. 동사 possess는 '~을 소유하다'이다.

He attributed the cause to emotional stress and prescribed state-of-the-art tranquilizers.

번역 그는 그 원인을 정신적 스트레스로 돌렸고 최신에 나온 정신 안정제를 처방해주었다.

He attributed the cause to emotional stress / and prescribed state-of-the-art tranquilizers.

직역 그는 그 이유를 정신적 스트레스로 돌렸다 / 그리고 최신 안정제를 처방했다.

독해 point 1(동사)

attribute, prescribe

attribute는 attribute A to B의 형태로 쓰여서 'A를 B의 탓으로 돌리다'의 의미를 전한다. A는 '결과'이며 B의 자리에는 '원인'에 해당되는 '사람', 또는 '상황'이 온다. prescribe는 '의사가 ~을 처방하다'의 의미이다. 접두어인 pre-가 beforehand 즉, '사전에', '미리' 등의 의미이고 어근에 해당되는 -scribe는 write 즉, '쓰다'의 뜻이다. 결국 prescribe는 '미리 쓰다'가 속 뜻이며 이것이 '처방하다'의 의미로 발전된 것이다.

독해 point 2(형용사, 명사)

emotional, state-of-the-art, tranquilizer

emotional은 '감정적인', '정신적인' 등의 의미를 갖는다. '감정'과 '정서'의 의미를 갖는 명사 emotion의 형용사형이다. state-of-the-art는 어떤 일을 진행하는 '방법'이나 '물건', 또는 '지식'이 가장 최신의 것임을 말한다. '최첨단 기술'은 state-of-the-art technology 이며 "그가 산 휴대전화는 가장 최신 거야."는 His cell phone is state-of-the-art.로 표현한다. 동사 tranquilize는 '~을 진정시키다'의 의미이며 tranquilizer는 '마음을 진정시키는 진정제'에 해당된다.

He bombarded me with hostile questions, to which at first I responded politely and professionally.

번역 그는 내게 적대적인 질문을 퍼부었고 나는 처음에는 그런 질문들에 공손하고 전문적으로 대답해주었다.

He bombarded me with hostile questions, / to which / at first / I responded politely and professionally.

직역 그는 내게 적대적 질문들을 퍼부었다, / 그런 질문들에 대해서 / 처음에는 / 나는 공손하고 전문적으로 응대했다.

독해 point 1(동사)

bombard, respond

bombard는 '폭탄(bomb)이나 공격을 퍼붓다'의 의미에서 출발한다. 여기에서 파생되어 '폭탄을 퍼붓듯이 질문이나 비난을 퍼붓다'의 의미까지 확장되었다. 타동사이기 때문에 bombard A with B의 형태로 쓰여서 'A에게 B를 퍼붓다'의 의미를 전한다. hostile은 '적대적인'이다. 따라서, bombard me with hostile questions는 '내게 적대적인 질문들을 퍼붓다'가 된다. respond는 어떤 행동이나 말에 대해서 '반응을 보이다', '대답하다' 등의 의미를 갖는 자동사이다.

독해 point 2(관계대명사)

which

관계대명사 앞에 콤마가 쓰이면 '계속적 용법'이라고 한다. 앞 부분의 해석을 완료하고 관계대명사의 해석으로 바로 들어가는 것이다. 본문에서 which는 hostile questions이다. 그래서 to which를 '그 적대적 질문들에'로 이해한다. respond to ~ 는 '~에 반응하다', '~에 응답하다' 등의 의미를 전한다.

Sentence
046

Whether you're 26 or 62, there's always something (or someone) that threatens a night of restful slumber.

번역 나이가 스물 여섯이든 예순 둘이든, 항상 편안한 수면의 밤을 위협하는 것 (또는 사람)이 있다.

Whether you're 26 or 62, / there's always something (or someone) / that threatens a night / of restful slumber.

직역 나이 스물 여섯이든 예순 둘이든, / 항상 뭔가가 (또는 누군가가) 있어서 / 바로 그것이 밤을 위협한다 / 평온한 수면을 취할 수 있는 밤을.

독해 point 1(접속사)

whether

두 개의 문장을 연결하는 접속사를 이용할 때는 그게 어떤 것이든 두 문장 의미의 논리적 연결에 신경 써야 한다. 그러기 위해서는 접속사의 의미를 정확히 이해하고 있어야 하며 시제와 수의 일치에 각별한 신경을 써야 한다. Whether는 Whether A or B의 형태로 쓰여서 'A이든 B이든'의 의미를 전한다.

독해 point 2(관계대명사)

that

사물이나 사람을 선행사로 받을 때 사용되는 관계대명사 that는 강한 의미를 갖는다. 원래 지시대명사(그것, 그 사람)로 쓰일 때의 느낌이 그대로 살아 있는 것이다. 단순히 연결의 개념만 존재하는 관계대명사 who, which와는 느낌이 다르다. threaten은 '~을 위협하다'이며 restful은 '평온한', '평화로운', 그리고 slumber은 '잠', '수면' 등으로 이해한다. 따라서 that threatens a night은 '바로 그것이 밤을 위협한다'의 느낌을 전한다.

No matter how ready you feel, campus life can be overwhelming.

번역 아무리 준비된 기분이 들어도 대학생활은 감당하기 힘들 수 있다.

No matter how ready you feel, / campus life can be overwhelming.

직역 아무리 잘 준비된 기분이 든다 해도 / 대학생활은 압도적일 수 있다.

독해 point 1(표현)

no matter how+형용사

no matter는 '상관없다', '문제되지 않는다' 등의 의미이다. 여기에 <how + 형용사>형태
가 붙어서 '아무리 ~의 상태이더라도'의 뜻을 전하게 되는데 '아무리 ~의 상태이더라도
그것과는 무관하게'의 속뜻을 갖는다. 따라서 no matter how ready you feel은 '당신이
아무리 준비된 상태라고 느껴도 (그와는 무관하게)' 정도로 이해한다.

독해 point 2(조동사)

can

'가능성'의 의미를 갖는 조동사이다. '~일 수 있다'로 해석한다. 흔히 '능력'의 can과 혼
동되는데 '능력' 안에도 '가능성'이 포함되기 때문에 그 두 개의 의미를 세세하게 구분할
필요는 없다. overwhelming은 '압도적인', '감당하기 힘든' 등의 의미를 갖는다. 따라서
campus life can be overwhelming은 '대학생활은 감당하기 힘들 수 있다'로 이해한다.
만일 조동사를 이용하지 않고 be 동사를 써서 campus life is overwhelming이라고 하면
'단정적'인 의미가 되어 '대학생활은 감당하기 힘들다'가 된다. be 동사의 직설적이고 단
정적 의미를 피하기 위해서 조동사를 활용한다.

While alcohol is a depressant that can make you feel relaxed or even drowsy, once your body metabolizes it, you may find yourself wide awake in the middle of the night.

번역 술은 긴장을 완화시키거나 심지어는 졸리게 만들 수 있는 신체기능 저하제인 반면에 일단 몸이 술을 잘 받아들이면 한 밤중에 잠을 못 자고 완전히 깨어 있을 수도 있다.

While alcohol is a depressant / that can make you feel relaxed or even drowsy, / once your body metabolizes it, / you may find yourself wide awake / in the middle of the night.

직역 술은 신체기능 억제제인 반면에 / 긴장이 완화되게 만들거나 심지어는 졸리게 만들 수 있는, / 일단 몸이 술을 대사 작용하면, / 잠을 못 자고 완전히 깨어 있을 수 있다 / 한 밤중에.

독해 point 1(접속사)

while, once

while은 '~인 데 반하여'의 뜻으로 쓰이고 있다. depressant는 '신체기능 저하제'라서 While alcohol is a depressant는 '술이 신체기능 저하제인 데 반하여'로 해석한다. once 는 '일단 ~일 때'의 뜻이다.

독해 point 2(형용사, 동사)

relaxed, drowsy, metabolize, find

relaxed는 '긴장이 완화된 상태인', drowsy는 '나른하고 졸린 상태인'의 의미를 갖는 형용 사이며 metabolize는 '~을 대사 작용시키다'라는 의미의 동사이다. 또한 find는 '예상치 못한 상황에 처해 있음을 알게 되다'의 의미로 쓰이고 있다. 따라서 find yourself wide awake는 '자신이 완전히 깨어 있음을 알게 되다'이다.

The minute they express interest in me, I begin to scamper in the opposite direction.

번역 사람들이 나한테 관심을 보이자 마자 나는 도망치듯 반대 방향으로
날쌔게 움직여 간다.

**The minute they express interest in me, / I
begin to scamper / in the opposite direction.**

직역 그들이 내게 관심을 보이자 마자, / 나는 날쌔게 움직이기 시작한다
/ 반대 방향으로.

독해 point 1(표현)

the minute (that) ~, in the opposite direction

The minute that ~를 직역하면 '~인 순간'이 되며 '~을 하자 마자'로 의역한다. as soon as ~의 의미와 같다. 따라서 The minute they express interest in me는 '그들이 내게 관심을 보이자 마자'로 해석된다. opposite는 '반대의', direction은 '방향'이므로 in the opposite direction은 '반대 방향으로'의 의미이다. 전치사 in의 활용에 주의한다.

독해 point 2(동사)

express, begin, scamper

express는 '감정이나 의사를 표현하다'의 의미이다. 여기에 interest가 목적어로 연결되어 express interest가 되면 '관심을 보이다'로 의역하게 된다. 관심은 '~ 안에' 속하게 되므로 이어지는 전치사는 in이다. 따라서 express interest in ~은 '~에 관심을 보이다'이다. begin은 '어떤 행위를 시작하다'의 의미이기 때문에 목적어로 '미래'의 의미를 포함하는 to 부정사가 오며 구어가 아닌 문어체 어휘이다. scamper는 어린아이가 그렇듯이 '날쌔게 움직이다'의 의미를 전한다.

Religion, philosophy, and modern self-help books grapple with the question, but the answer is elusive.

번역 종교, 철학, 그리고 현대 자기계발서들이 그 질문의 해답을 찾아 고심을 하고 있지만 그 대답은 찾기 힘들다.

Religion, philosophy, and modern self-help books grapple with the question, / but the answer is elusive.

직역 종교, 철학, 그리고 현대의 자기계발서들은 그 질문에 대한 답을 찾기 위해서 몹시 고심을 한다, / 그러나 그 해답은 찾기가 힘들다.

독해 point 1(동사)

grapple

'싸우다', '투쟁하다' 등의 의미인데 grapple with ~의 형태가 되면 '뭔가 힘들고 어려운 일을 다루거나 이해하기 위해서 몹시 노력하다'의 의미를 갖는다. 따라서 grapple with the question은 '그 질문의 답을 찾기 위해서 몹시 노력하다'로 이해한다.

> 유의어 wrestle, cope, battle, struggle, tackle

독해 point 2(형용사)

elusive

사람이 elusive 하다면 찾기 힘들거나 자주 눈에 띄지 않는다는 의미이며 어떤 결과가 elusive 하다면 그 결과를 찾거나 이루기가 힘들다는 의미가 된다. 동사는 '~을 피하다', '~을 빠져나가다'의 의미를 갖는 elude이다.

> 유의어 ambiguous, volatile, subtle, fugitive

We move toward the exit, the left-field gate through which I entered.

번역 우리는 출구 쪽을 향해 움직인다. 내가 들어왔던 왼쪽 외야석 게이트
이다.

We move toward the exit, / the left-field gate / through which I entered.

직역 우리는 출구 쪽을 향해 움직인다, / 왼쪽 외야석 게이트이다 / 그 게
이트를 통해서 내가 들어왔다.

독해 point 1(전치사)

toward, through

toward는 결정된 목적지를 말하지 않는다. '최종 목적지'를 말하는 to에 '방향성'을 뜻하는 ward가 붙어서 단지 '~을 향해서'라는 의미만을 전한다. 따라서 move toward the exit는 '나가기 위해서 그 출구까지 움직여 가다'가 아니라 단지 '그 출구 쪽을 향해서 움직이다'의 의미만을 전한다. 뒤에 콤마와 함께 이어지는 the left-field gate는 the exit의 부연설명이다.

독해 point 2(관계대명사)

which

관계대명사가 전치사의 목적으로 쓰인 경우에는 각별히 신경 써야 한다. 전치사는 목적어와 함께 붙어 다닌다. I entered through the left-field gate에서 the left-field gate가 관계대명사 which로 바뀌며 앞으로 나가자 전치사 through도 함께 이동하는 것이다. 따라서 the left-field gate through which I entered가 완성되었다. '내가 들어왔던 왼쪽 외야석 게이트'와 '왼쪽 외야석 게이트, 그 게이트를 통해서 내가 들어왔다', 두 개의 해석이 가능하다. 어느 쪽이든 자연스럽게 연결되는 해석이면 좋다.

She tried valiantly, but she must have fallen a hundred times before she finally gave up.

번역 그녀는 용감하게 시도했지만 마침내 포기하기 전까지 분명 백 번은 넘어졌을 것이다.

She tried valiantly, / but she must have fallen a hundred times / before she finally gave up.

직역 그녀는 용감하게 시도했다, / 그러나 그녀는 백 번은 넘어졌음에 틀림 없다 / 마침내 포기하기 전까지.

독해 point 1(어휘, 표현)

valiantly, give up

형용사 valiant는 문어체 어휘로서 '용맹한'의 의미를 갖는다. 그 부사형이 valiantly이다. '용맹하게', '용감하게' 등으로 해석한다. 따라서 try valiantly는 '용감하게 시도하다'의 뜻이 된다. 동사구인 give up은 '하던 일을 포기하다'의 의미이다. '두 손 두 발을 다 들다'의 느낌이다.

유의어 bravely, boldly, fearlessly, dauntlessly

독해 point 2(조동사)

must have + p.p.

조동사 must에는 '~임에 틀림이 없다'는 강한 추측의 의미가 포함되어 있다. 이것의 과거형태가 <must have + 과거분사>이다. '~이었음에 틀림이 없다'로 이해한다. 따라서 must have fallen은 '넘어졌음에 틀림없다', '분명히 넘어졌다' 등으로 해석한다. 동사 fall은 '넘어지다', '쓰러지다' 등의 의미이며 3단변화는 fall-fell-fallen이다.

You should have heard him yelling ten minutes ago.

번역 너 10분 전에 걔가 소리지르는 거 들었어야 했어.

You should have heard him yelling / ten minutes ago.

직역 너 걔가 소리지르는 거 들었어야 했는데 / 10분 전에 말이야.

독해 point 1(조동사)

should have + p.p.

조동사 should는 '강한 권유'의 의미를 전한다. 여기에 현재완료 형태가 연결되는 경우이다. 현재완료는 '이미 어떤 동작이나 상태가 이루어졌음'을 의미한다. 따라서 <should have + p.p.>의 형태는 '이미 어떤 동작이나 상태가 이루어졌어야 했다'로 이해한다. 따라서 You should have heard him은 '너는 그의 말을 들었어야 했다'로 이해한다.

독해 point 2(지각동사)

hear ~ yelling

지각동사 hear의 목적 보어로 현재분사, 즉 진행형이 오면 '지금 진행되고 있는 소리를 듣다'의 의미를 갖는다. 따라서 hear him yelling은 '그가 지르고 있는 소리를 듣다'로 해석한다. 따라서 You should have heard him yelling은 "너는 그가 지르고 있는 소리를 들었어야 했다."로 해석한다.

We sat in the two front seats, where a half bottle of champagne awaited us.

번역 우리는 앞 두 자리에 앉았고, 그 자리에는 샴페인 반 병이 우리를 기다리고 있었다.

We sat in the two front seats, / where a half bottle of champagne awaited us.

직역 우리는 앞 두 자리에 앉았다, / 거기에는 샴페인 반 병이 우리를 기다리고 있었다.

독해 point 1(관계부사)

where

관계사는 두 개의 문장을 하나로 연결시키는 역할을 한다. 두 개 문장에 중복되는 장소를 나타내는 부사, 또는 전치사구(부사의 의미)들 중 하나를 관계사로 대치하여 한 문장으로 연결할 수 있다. 그때 사용되는 장소 관계사가 바로 where이다. 관계부사 where 앞에 콤마가 쓰이면 앞부분을 먼저 해석하고 where를 '그곳에'로 해석한 후, 뒤를 이어서 해석한다.

독해 point 2(동사)

await

'~을 기다리다'라는 의미의 타동사이다. 우리는 흔히 '기다리다'를 의미하는 자동사 wait 만을 배웠다. 자동사가 목적어를 받을 때는 전치사의 도움이 필요하므로 wait for ~의 형태로 '~을 기다리다'를 써왔다. 이 두 단어를 await 한 단어로 대치할 수 있다. wait for ~ 가 await ~가 되는 것이다. await는 wait for와는 달리 문어체 어휘이다. 말에서 보다는 글 속에 주로 사용된다는 의미이다. 그리고 사람이 뭔가를 기다리는 것 뿐 아니라 본문에 쓰인 것처럼 어떤 물건이 준비되어 놓여진 상태를 말할 때도 쓰인다.

I told a roomful of executives the outline of what was to become this story.

번역 나는 방을 가득 메운 간부들에게 앞으로 이 이야기가 될 내용의 개요를 말했다.

I told a roomful of executives the outline / of what was to become this story.

직역 나는 방을 가득 메운 간부들에게 개요를 말해줬다 / 앞으로 이 이야기가 될 내용의 개요였다.

독해 point 1(동사)

tell

단순히 '말하다'가 아니라 '말로 전하다'의 의미를 갖는 동사이다. tell A B 4형식의 형태를 갖추어 'A에게 B를 말하다'의 의미를 전한다. roomful은 명사로서 '방 안에 가득 찬 사람들'의 의미이며 executive는 '간부'를 뜻한다. 또한 outline은 '개요', '윤곽' 등의 의미이다. 따라서 told a roomful of executives the outline은 '방안을 가득 메운 간부들에게 그 개요를 말했다'로 해석한다.

독해 point 2(부정사)

be to become ~

부정사는 '미래'의 의미를 전한다. 어떤 의지도 포함되지 않은 상태에서 그저 앞으로 일어나게 되어 있는 '단순미래'에 해당된다. be to ~는 '앞으로 ~의 일이 일어날 것이다'의 의미이다. 따라서 be to become this story는 '앞으로 이 이야기가 될 것이다'이며 what was to become this story는 '앞으로 이 이야기가 될 것[내용]'으로 이해한다.

By default I became a full-time songwriter—what was once my hobby would now become my bread 'n' butter!

번역 자연스럽게 나는 전업 작사가가 되었다—한때는 취미였던 게 이제 나의 밥줄이 되는 것이었다.

By default / I became a full-time songwriter— / what was once my hobby / would now become my bread 'n' butter!

직역 자연스레 / 나는 전업 작사가가 되었다— / 한때 나의 취미였던 것이/ 이제는 나의 주업이 될 것이었다.

독해 point 1(표현)

by default, full-time songwriter, bread 'n' butter

by default는 '달리 손을 쓰지 않고도 자연스럽게'의 의미이다. full-time은 '파트타임'의 반대 개념이어서 '전업'을 말할 때 흔히 사용한다. songwriter는 '작사가나 작곡가'를 칭한다. singer songwriter는 '작사와 작곡을 직접 하는 가수'를 의미하며 우리는 이것을 '씽쏭라'라고 칭한다. bread 'n' butter는 '주 소득원', '밥줄' 등으로 해석한다.

독해 point 2(시제의 일치)

became, was, would

이 문장의 중심시제는 과거이다. become의 과거형인 became의 영향을 받아서 is는 was로 will은 would로 바뀌었다. 시제의 일치 문법에 해당되며 모두 과거형이지만 would는 will의 의미를 살려서 would now become my bread 'n' butter를 '나의 주업이 되었을'이 아니라 '나의 주업이 될'로 해석한다.

Ellen's story had moved the people in that room and I was offered a book deal on the spot.

번역 엘렌의 이야기는 그 방안에 있던 사람들을 감동시켰고 나는 그 자리에서 책 계약을 제안 받았다.

Ellen's story had moved the people / in that room / and I was offered a book deal / on the spot.

직역 엘렌의 이야기는 사람들을 감동시켰다 / 그 방안에 있던 사람들이었다 / 그리고 나는 책계약을 제안 받았다 / 즉석에서.

독해 point 1(시제의 일치)

had moved, was offered

일단 감동을 시킨 것은 과거 이전(had moved)이었고 계약을 제의 받은 것은 과거 (was)이므로 시간의 순서가 자연스럽게 연결된다. 시제의 일치이다.

독해 point 2(수동태)

was offered

내가 계약을 제안한 것이 아니라 제안을 받은 상태이다. 따라서 능동이 아닌 수동이 필요하다. 수동의 형태는 <be+과거분사>이며 offer의 과거분사는 offered이다. 따라서 I was offered a book deal.은 "나는 책계약을 제의 받은 상태였다."로 해석한다.

독해 point 3(표현)

on the spot

'그 자리(the spot) 위에서'가 직역이다. 그래서 '현장에서', '즉석에서' 등으로 해석한다. '즉석에서 체포되었다'는 be arrested on the spot이다. Nobody could answer the question on the spot.은 "아무도 즉각 그 질문에 대답할 수 없었다."가 된다.

I had temporarily put aside writing songs to concentrate on my books when I got the phone call.

번역 그 전화를 받았을 때 나는 책에 집중하기 위해서 일시적으로 노래 가사 쓰는 일을 이미 제쳐 놓은 상태였다.

I had temporarily put aside writing songs / to concentrate on my books / when I got the phone call.

직역 나는 일시적으로 노래 가사 쓰는 일을 제쳐 둔 상태였다 / 책에 집중하기 위해서였다 / 그때 나는 그 전화를 받았다.

독해 point 1(표현)

put aside, concentrate on

aside는 '한쪽으로'의 의미이다. 결국 put aside는 '한쪽으로 놓다'가 되므로 '당장 신경 쓰지 않고 옆으로 제쳐 놓다'의 뜻을 전하게 된다. temporarily는 '일시적으로'의 의미이므로 temporarily put aside writing songs는 '일시적으로 노래 쓰는 일을 제쳐 놓다'로 해석한다. 전치사 on은 '집중'의 의미를 담는다. 따라서 '집중하다'의 뜻을 갖는 concentrate와 어울려서 '~에 집중하다'의 의미로 concentrate on ~이라는 동사구를 만들게 된다.

독해 point 2(시제의 일치)

had put, got

이미 책 쓰는 일을 제쳐 놓은 상태에서 전화를 받았다는 것은 이 두 개의 일 사이에 시차가 분명히 자리하는 것이다. 전화를 받은 것이 '과거'이므로 일을 제쳐 놓은 것은 '과거완료'에 해당된다. 따라서 had put aside와 got the phone에 적절한 시제배열이 되어 있음을 알 수 있다.

I express my deep gratitude to her for her calmness and stoic support.

번역 나는 그녀의 침착함과 끝없는 인내를 통한 지지에 깊은 감사를 표한다.

I express my deep gratitude to her / for her calmness and stoic support.

직역 나는 그녀에게 깊은 감사를 표한다 / 그녀의 침착함과 끝없이 인내하며 보여준 지지에 대해서.

독해 point 1(표현)

express gratitude to ~

동사 express는 '자신의 감정이나 생각을 말, 표정, 또는 행동으로 보여준다'는 의미이며 gratitude는 '감사', '고마움' 등을 뜻한다. 따라서 express gratitude는 '감사의 마음을 말이나 표정, 또는 행동으로 표하다'로 해석한다. '자신의 의견을 말하다'는 express one's opinion이라고 하며 '~을 향해 깊은 감사의 마음을 갖다'는 have a deep gratitude toward ~을 이용해서 표현한다.

독해 point 2(어휘)

calmness, stoic support

calmness는 '평온', '침착' 등의 의미를 갖는다. 마음은 물론이고 상황이나 분위기, 장소 등이 평온한 느낌을 갖고 있을 때 사용한다. 형용사 stoic는 '좋지 않은 일이 생길 때 자신의 감정을 숨기거나 불평하지 않는 상태'를 의미해서 '극기심이 강한'으로 해석한다. 여기에 '지지', '지원' 등의 의미를 갖는 support가 연결되어 stoic support라고 하면 '어떤 악조건에서도 불편한 심기를 드러내지 않고 아무런 불평없이 일관되게 이어지는 지지'의 의미를 전하게 된다.

When she finally calmed down, she disappeared into the bathroom for a few minutes, re-emerging with a look of enforced cheerfulness on her face.

번역 그녀는 마침내 진정하고나서 잠깐 화장실로 들어갔다가 얼굴에 억지로 기분 좋은 표정을 지으며 다시 나타났다.

When she finally calmed down, / she disappeared into the bathroom / for a few minutes, / re-emerging / with a look of enforced cheerfulness / on her face.

직역 그녀는 마침내 진정했을 때, / 화장실로 사라졌다/잠시 동안, / 그리고 다시 나타났다 / 억지로 기분 좋은 표정을 지으며 / 그녀의 얼굴에.

독해 point 1(어휘)

calm down, disappear into ~, reemerge, enforced cheerfulness

calm down은 '마음이 차분히 가라앉은 상태'를 의미하고 disappear into ~는 '~안으로 사라지다[들어가다]'의 뜻이다. re-emerge는 '다시(re-) 나타나다'의 뜻이며 enforced 는 '강요된', '강제적인', cheerfulness는 '기분 좋음'이므로 with a look of enforced cheerfulness는 '억지로 기분 좋은 표정을 띄고'로 이해한다.

독해 point 2(생략)

re-emerging with ~

생략되기 전은 for a few minutes and re-emerged with ~였다. 연속되는 동작에서는 접속사 and를 생략하고 그 뒤에 콤마를 사용한 후에 현재분사형을 이용하여 적는다. 이런 경우에 반드시 생략해야 되는 것은 아니고 연속동작임을 특별히 강조할 필요가 없을 때 사용하는 표현법이다.

Sitting down on the step next to her, I put my arm around her and lay my head on her shoulder.

번역 계단 위 그녀 옆에 앉아서 나는 팔로 그녀를 감싸고 머리를 그녀의 어깨 위에 기댔다.

Sitting down on the step / next to her, / I put my arm around her / and lay my head on her shoulder.

직역 계단 위에 앉아서 / 그녀 옆, / 나는 내 팔로 그녀를 감쌌다 / 그리고 내 머리를 그녀의 어깨 위에 기댔다.

독해 point 1(현재분사구문)

Sitting down on ~

주절과 부사절의 주어, 그리고 시제가 일치할 경우, 부사절의 접속사와 주어를 생략하고 동사의 현재분사형을 이용하여 문장을 시작할 때 그것을 현재분사구문이라고 부른다. 본문의 경우는 부사절 While I was sitting down on the step에서 While I was까지 생략되었다. 원래는 Being sitting down ~이 맞지만 이럴 때는 흔히 Being까지 생략하게 된다.

독해 point 2(전치사)

on, around

전치사는 명사 앞에서 명사의 의미를 강력하게 붙들어준다. 따라서 전치사를 소홀히 다루면 안된다. sit down on the step에서 down은 부사이고 on이 전치사이다. on the step은 '계단 위에'이다. on her shoulder는 '그녀의 어깨 위에'이다. lay my head on ~이 되면 '~에 머리를 기대다'가 된다. around는 '~의 둘레에[주위에]'의 뜻이다. 그래서 put my arm around her는 '내 팔로 그녀를 둘러 안았다'는 느낌을 전한다.

The allegations raised hard questions about the American alliance with them and had ignited one of the most serious foreign policy crises.

번역 그 주장은 그들과 미국의 동맹에 해결하기 어려운 문제를 제기했으며 이미 외교정책상 가장 심각한 위기를 초래했다.

The allegations raised hard questions / about the American alliance with them / and had ignited one of the most serious foreign policy crises.

직역 그 주장은 해결하기 어려운 문제를 제기했다 / 그들과 미국의 동맹의 문제에 있어서 / 그리고 이미 외교정책상 가장 심각한 위기를 초래했다.

독해 point 1(어휘)

allegation, hard, alliance, ignite

명사 allegation은 '확실한 근거가 없는 주장'을 의미하며 형용사 hard는 '이해하거나 해결하기 힘든'의 느낌이다. raise hard questions라고 하면 '답하기 힘든 질문을 야기하다'가 직역이고 '해결하기 어려운 문제를 야기하다'로 이해한다. 명사 alliance은 '동맹', '연합' 등의 뜻이며 동사 ignite는 '~을 점화하다', '~을 초래하다' 등으로 이해한다. 그래서 ignite crises는 '위기를 초래하다'이다.

독해 point 2(시제의 일치)

raised, had ignited

과거(raised) 다음에 과거완료(had ignited)가 나왔다는 것은 raised 되기 이전에 이미 had ignited 되었다는 뜻이다. 따라서 '해결하기 어려운 문제를 야기하기 이전에 이미 외교정책상 가장 심각한 위기가 초래되었다'라고 '이미'를 넣어서 해석하는 것이 좋다.

Sentence
063

Officers tackling the knife crime epidemic should have no fear of stoking racial tensions when they stop and search suspects.

번역 칼을 이용한 범죄의 확산과 싸우는 경찰들은 그들이 용의자들을 멈춰 세우고 수색할 때 인종갈등을 부추긴다는 두려움을 가져서는 안 된다.

Officers tackling the knife crime epidemic should have no fear / of stoking racial tensions / when they stop and search suspects.

직역 칼을 이용한 범죄의 확산과 싸우는 경찰들은 두려움을 가져서는 안 된다 / 인종갈등을 부추긴다는 두려움 / 그들이 용의자를 세우고 수색할 때 말이다.

독해 point 1(어휘)

tackle, epidemic, stoke, racial tension, search, suspect

동사 tackle은 '힘든 문제나 상황을 해결하기 위해서 씨름하다'의 의미이며 명사 epidemic은 '나쁜 일의 급격한 확산'을 뜻한다. 따라서 tackle the epidemic은 '그것의 급격한 확산을 막기 위해서 씨름하다'로 이해한다. 동사 stoke는 '~을 부추기다'이고 racial tension은 '인종간의 긴장이나 갈등'을 의미한다. 그러므로 stoke racial tensions은 '인종간의 갈등을 부추기다'이다. 동사 search는 '~을 수색하다', 명사 suspect는 '용의자'를 뜻한다.

독해 point 2(조동사)

should

어떤 사실이 옳고 타당하기 때문에 그렇게 해야 된다는 강력한 권유의 의미를 전하는 조동사이다. 그런 의미에서 should have no fear of ~는 '~의 두려움을 가져서는 안 된다'로 이해한다.

She was standing with her back to him, looking down the valley towards Lough Mask.

번역 그녀는 등을 그의 쪽으로 돌린 채 서서 Lough Mask 호수 쪽으로 향해 있는 계곡 아래로 바라보고 있었다.

She was standing / with her back to him, / looking down the valley / towards Lough Mask.

직역 그녀는 서있었다 / 등을 그가 있는 쪽으로 돌린 상태로 / 계곡 아래로 보며 / Lough Mask 호수를 향해 있는.

독해 point 1(전치사)

with, to, down, towards

with가 '~을 가지고 있는'이 아니라 '~인 상태에서'의 의미로 쓰이고 있다. to는 '~쪽으로'의 의미이다. 따라서 with her back to him은 '등을 그의 쪽으로 돌린 상태에서'로 해석한다. down은 부사가 아닌 전치사로 쓰여서 '~의 아래로'의 의미가 되며 towards는 '~을 향하여' 이다. 따라서 look down the valley towards ~는 '~을 향해 있는 계곡의 아래로 보다'가 된다.

독해 point 2(현재분사)

standing, looking

She was standing은 '그녀는 서있었다'이며 She stood는 '그녀는 늘 서있었다'가 되어 서로 다른 의미가 된다. 현재분사는 '어떤 순간 움직이고 있는 진행'의 의미를 포함한다는 사실을 기억해야 한다. 또한, She was standing with her back to him and was looking down the valley에서 and was를 생략하고 콤마와 함께 현재분사 looking을 그대로 이어서 본문을 적고 있다.

It was taking much longer than it should and as usual he was growing anxious and impatient.

번역 그것은 예상했던 시간보다 훨씬 오래 걸리고 있었고 늘 그렇듯이 그는 점점 불안하고 짜증이 났다.

It was taking much longer / than it should / and as usual / he was growing anxious and impatient.

직역 그것은 훨씬 오랜 시간이 걸리고 있었다 / 그럴 거라 예상했던 것보다 / 그리고 늘 그렇듯이 / 그는 점점 더 불안해졌고 짜증이 났다.

독해 point 1(비교급)

take much longer than ~

부사 long은 '오래', '오랫동안' 등의 의미를 갖으며 비교급은 longer이다. 따라서 take longer than ~은 '~보다 더 오래 걸리다'가 된다. much는 비교급을 강조하기 위해서 쓰였다. '훨씬'의 의미이다. 그래서 take much longer than ~은 '~보다 훨씬 오랜 시간이 걸리다'이다. 뒤에 쓰인 조동사 should는 '예상'과 '추측'의 의미를 담는다. it should는 it should take에서 동사 take가 생략된 문장이다.

독해 point 2(어휘)

grow anxious, impatient

동사 grow는 '점점 더 ~의 상태가 되어가다'의 의미이다. anxious는 '불안해하는', '초조한', '염려하는' 등의 뜻을 갖는다. 따라서 grow anxious는 '점점 불안해지다', '점점 염려되다' 등으로 이해한다. 형용사 impatient는 '참을 수 없어서 짜증난', '견딜 수 없어서 안달하는' 등의 의미이다.

Sponges, needles, and surgical instruments are left behind in patients more often than you would think.

번역 스폰지, 바늘, 그리고 외과기구들이 환자의 몸 안에 여러분이 충분히 그럴 거라고 생각하는 것보다 훨씬 빈번히 남아 있다.

Sponges, needles, and surgical instruments are left behind / in patients / more often / than you would think.

직역 스폰지, 바늘, 그리고 외과기구들이 남아 있다 / 환자의 몸 안에 / 훨씬 빈 번하게 / 여러분이 충분히 그럴 거라고 생각하는 것보다.

독해 point 1(수동태)

are left behind

수동태는 '주어가 놓여 있는 상태'를 말할 때 사용한다. 수동태 형태의 기본형은 <be동사+과거분사>이다. 동사 leave는 '~을 …에 두다'의 의미를 갖고 있으며 수동태가 되어 be left의 형태를 띄면 '~에 남아 있다'의 뜻이 된다. 또한 be left behind는 '어떤 행위의 결과로 뒤에 남아 있다'의 느낌을 전한다. 결국 be left behind in patients라고 하면 '환자의 몸 안에 남아 있다'로 이해한다.

독해 point 2(조동사)

would

전형적이고 일반적이라서 충분히 예견되는 일을 말할 때 조동사 would를 사용한다. 따라서 would think라고 하면 '충분히 그럴 거라고 생각하다'의 의미이다. often은 빈도수 중에 '자주'에 해당된다. 이것이 비교급에 사용되어 more often이라고 하면 '더 자주', '더 빈번히' 등의 의미가 되고 비교대상이 뒤에 이어지면 more often than ~의 형태가 된다.

Even as childhood obesity and incidences of diabetes skyrocket around the world, Japanese childhood obesity levels have historically been much lower.

번역 아동비만과 당뇨병의 발생이 세계적으로 급등하고 있는 바로 이때에 일본의 아동비만 수준은 지금까지 역사상 훨씬 낮은 상태에 놓여 있다.

Even as childhood obesity and incidences of diabetes skyrocket / around the world, / Japanese childhood obesity levels have historically been much lower.

직역 아동비만과 당뇨병 발생이 급등하고 있는 바로 이 때 / 세계적인 추세가, / 일본의 아동비만 수준은 지금까지 역사상 훨씬 낮은 수치를 기록하고 있다.

 독해 point 1(어휘)

obesity, incidence, diabetes, skyrocket

명사 obesity는 '비만'의 의미이며 그 형용사는 obese이다. 역시 명사인 incidence는 어떤 사건이나 상황의 '발생정도'를 의미한다. 명사 diabetes는 '당뇨병'에 해당된다. 정확한 철자의 기억이 필요한 어휘들이다. 동사 skyrocket는 '하늘로 치솟다'의 느낌이라서 '급등하다'의 의미를 갖는다.

 독해 point 2(현재완료)

have been

과거에 발생한 일이나 상태, 또는 과거에 시작된 일이 현재까지도 유지되고 유효하다는 의미를 전하는 것이 현재완료이다. 그래서 '그동안'의 의미를 넣어서 해석하는 경우가 흔하다. 형태는 <have+과거분사>이다. have been much lower라고 하면 '그동안 지금까지 훨씬 낮은 상태를 유지해오고 있다'가 정확한 이해이다.

Aggression on social media has reached such a pinnacle of acrimony that some U.S. House members proposed designating an annual "National Day of Civility."

번역 소셜 미디어 상에서의 공격성이 악플의 정점에 이르자 일부 미의원들은 "국가 정중의 날"을 지정하자는 제안을 했다.

Aggression on social media has reached such a pinnacle of acrimony / that some U.S. House members proposed / designating an annual "National Day of Civility."

직역 소셜 미디어 상에서의 공격성이 악플의 정점에 이르러서 / 일부 미의원들은 제안했다 / 연례 "국가 정중의 날"을 지정하자는.

독해 point 1(어휘)

aggression, pinnacle, acrimony, designate, annual, civility

명사 aggression은 '공격', 또는 '공격성'을 의미하므로 aggression on social media는 '소셜 미디어상에서의 공격성'을 뜻한다. 명사 pinnacle은 '절정'이나 '정점'을 뜻하며 acrimony는 '심한 욕설'을 의미한다. 이것을 우리는 흔히 '악플'로 이해한다. 따라서 a pinnacle of acrimony는 '악플의 정점'이며 reach a pinnacle of acrimony는 '악플의 정점에 이르다'가 된다. 동사 designate는 '~을 지정하다', 형용사 annual은 '연례의', 명사 civility는 '정중함', '공손함' 등을 의미한다.

독해 point 2(표현)

such ~ that ...

'너무 ~해서 …하다'의 의미를 전한다. so 다음에 형용사가 오는 so ~ that … 용법과는 달리 such 다음에는 명사가 온다. 따라서 reach such a pinnacle of acrimony that ~는 '너무 심할 정도로 악플의 정점에 이르러서 결국 ~의 일이 일어나게 되다'로 이해한다.

Numerous heart-related health risks are linked to sleep deprivation, including weight gain, insulin resistance, diabetes and high blood pressure.

번역 심장관련 많은 건강상 위험은 수면부족과 연관되어 있다. 여기에는 체중 증가, 인슐린 저항, 당뇨병, 그리고 고혈압 등이 포함된다.

- -

Numerous heart-related health risks are linked / to sleep deprivation, / including weight gain, insulin resistance, diabetes and high blood pressure.

직역 많은 건강관련 건강위험은 연계되어 있다 / 수면부족과, / 여기에 포함된 위험으로는 체중증가, 인슐린 저항, 당뇨병, 그리고 고혈압 등이 있다.

독해 point 1(수동태)

are linked to ~

타동사 link는 '~을 연결하다'의 의미를 갖는다. 이것이 수동태가 되어 be linked로 바뀌면 '연결되다'가 되고 be linked to ~가 되면 '~과 연계되다', '~와 관계가 있다' 등의 의미로 사용된다. 본문에서는 are linked to sleep deprivation 즉, '수면부족과 연계되어 있다'가 된다.

독해 point 2(어휘)

numerous, deprivation, including, resistance, high blood pressure

numerous는 문어체 형용사로서 '많은'의 뜻이고 명사 deprivation은 '박탈', '부족' 등의 의미이며 그 동사는 '~을 빼앗다'의 의미를 갖는 deprive이다. 전치사 including은 '~을 포함하여'이며 resistance는 '저항', blood pressure는 '혈압', high blood pressure는 '고혈압'이다.

When they fell in love, they didn't give a toss about the challenges they might face as a biracial couple.

번역 그들은 사랑에 빠졌을 때 그들이 혼혈 커플로서 직면할 수도 있을 도전에 전혀 개의치 않았다.

When they fell in love, / they didn't give a toss / about the challenges / they might face / as a biracial couple.

직역 그들은 사랑에 빠졌을 때, / 전혀 개의치 않았다 / 도전에 대해서 / 자기들이 마주칠 수도 있을 / 혼혈 커플로서 말이다.

독해 point 1(표현)

not give a toss about ~

주로 영국에서 사용하는 구어체 숙어표현이다. '~에 전혀 개의치 않다'의 의미이다. 쉽게는 don't care about ~ at all과 같은 뜻이다. 우리말 중에 '~은 안중에도 없다'는 느낌과도 연결시킬 수 있는 강조의 표현이다.

독해 point 2(조동사)

might

가능성을 의미한다. 그 가능성은 must, can, may, might의 순으로 가장 낮지만 활용도는 만만치 않다. 동사 face는 '~에 직면하다'의 의미라서 might face는 '~에 직면할 수도 있다'로 이해한다. 따라서 the challenges they might face는 '그들이 직면할 수도 있는 도전들'이 된다. biracial은 '두 인종의', '혼혈의' 등의 뜻이므로 as a biracial couple은 '혼혈 커플로서'가 된다. 결국 the challenges they might face as a biracial couple은 '그들이 혼혈 커플로서 직면할 수도 있는 도전들'로 해석한다.

Over the last decades I have rooted for the Yanks, and he for the Red Sox.

번역 지난 수십 년간 나는 지금까지 계속 뉴욕 양키즈를 응원했고 그는 레드삭스를 응원했어.

Over the last decades / I have rooted for the Yanks, / and he for the Red Sox.

직역 지난 수십 년간 / 나는 양키즈를 응원했다, / 그리고 그는 보스턴 레드삭스를 응원했다.

독해 point 1(현재완료)

have rooted

과거에 시작한 일이 지금까지 계속되거나 과거에 있었던 일이 지금까지도 유효한 상태일 때
사용한다. 본문에서는 뉴욕의 프로야구팀인 양키즈를 over the last decades, 지난 수십 년
간 계속 변함없이 응원해왔다는 의미를 전한다. 현재완료는 '지금까지 계속', '그동안' 등의
의미를 넣어서 해석하게 된다.

독해 point 2(표현)

root for

동사 root는 '뿌리를 내리다'의 의미이다. 여기에 전치사 for가 연결되어 root for ~가 되면
'~을 위해서 뿌리를 내리다'의 뜻을 전한다. 이것은 '~을 위해서 변함없이 응원한다'는 뜻이
다. '뿌리깊은 의리'의 느낌이 풍기는 표현이다. 따라서 본문에서 root for the Yanks는 '뉴욕
양키즈 팀을 응원한다'는 의미이다. 뒤에 이어지는 he for the Red Sox의 완전한 형태는 he
has rooted for the Red Sox이며 여기에서 앞의 문장과 중복되는 has rooted를 생략한 것이
다. 별개의 의미인 두 개의 문장이 and로 연결되면 and 앞에 콤마를 찍는다.

I lowered my head and bit my lip and failed to control the sob that had just welled up in my throat.

번역 나는 머리를 숙이고 입술을 깨물었다. 그리고 목구멍에서 솟구치는 흐느 낌을 막을 수가 없었다.

I lowered my head / and bit my lip / and failed to control the sob / that had just welled up / in my throat.

직역 나는 머리를 숙였다 / 그리고 입술을 깨물었다 / 그리고 흐느낌을 통제하 지 못했다 / 솟아오르는 흐느낌을 / 내 목구멍에서.

독해 point 1(시제의 일치)

lowered, bit, failed, had welled up

전체 중심시제는 과거이다. lowered는 lower의 과거이며 bit는 bite의 과거형이다. 마지막에 과거완료 had welled up가 나온 이유는 흐느낌이 이미 솟구친 상태에서 통제에 실패한 것이라서 솟구침의 시제가 하나 앞서기 때문이다. 이런 시제의 일치는 글의 흐름을 일관성 있게 이끈다는 면에서 대단히 중요한 역할을 한다.

독해 point 2(표현)

lower one's head, bite one's lip, control the sob, well up in one's throat

lower는 '~을 낮추다'의 의미이기 때문에 lower one's head는 '고개를 숙이다'가 된다. bite one's lip는 '입술을 꼭 깨물다'이며 sob는 '흐느낌'이다. 따라서 control the sob는 '흐느낌을 막다'로 해석한다. well up은 '위로 솟구치다', well up in one's throat는 '목구멍에서 솟구쳐 오르다' 등의 의미를 갖는다.

151

If I may offer a piece of advice, look her straight in the eye and sell yourself.

번역 내가 충고 한 마디 하자면, 그녀의 눈을 똑바로 보고 네 소개를 제대로 해.

If I may offer a piece of advice, / look her straight in the eye / and sell yourself.

직역 만일 내가 한 마디 충고하자면, / 그녀의 눈을 똑바로 봐 / 그리고 너 자신을 제대로 팔아.

독해 point 1(어휘)

advice

명사 advice는 '충고'의 의미이며 셀 수 없는 추상명사이다. 따라서 앞에 '하나'의 느낌을 담는 부정관사가 붙지 않는다. an advice라는 표현은 존재하지 않는다는 것이다. 만일 '충고 한 마디'를 표현하려면 단위명사인 piece를 이용하여 a piece of advice라고 해야 한다. 보통 '약간의 충고'를 말할 때는 some advice라고 한다. 따라서 "충고 좀 부탁해."라고 말한다면 I need some advice.로 표현한다.

독해 point 2(표현)

look straight in the eye, sell oneself

'눈을 보다'는 look in the eye이며 '눈을 똑바로 보다'는 look straight in the eye이다. look at the eye는 '눈을 보다'가 아니라 '눈의 모양을 보다', '눈의 색깔을 보다' 등의 의미를 전할 때 사용한다. sell oneself를 직역하면 '자신을 팔다'이다. 이것은 '자기가 어떤 사람인지를 마음껏 이야기하다', '상대가 나를 정확히 인지할 수 있도록 자기자랑을 늘어놓는다', '자기선전을 하다' 등으로 이해한다. '한국에 대한 장점들만 말하면서 한국 선전을 하다'는 sell Korea이다.

Exhausted from my fourth morning of waking up at five-thirty, it took me another five full minutes to work up the energy.

번역 네 번째 다섯 시 삼십 분 기상으로 인하여 완전 피곤해진 상태였기 때문에 나는 기운을 내기 위해 꽉 찬 5분이 더 걸렸다.

Exhausted from my fourth morning / of waking up at five-thirty, / it took me another five full minutes / to work up the energy.

직역 네 번째 아침으로 인해 완전 피곤해진 상태였기 때문에 / 5시 30분에 눈을 뜬 네 번째 아침 / 난 꽉 찬 5분이 더 걸렸다/힘을 내기 위해서.

독해 point 1(분사구문)

Exhausted from ~

종속절은 주절의 의미를 극대화 시키는 역할을 한다. 그러려면 종속절이 깔끔할수록 좋다.
그래서 생략의 방법 중 하나인 분사구문이 즐겨 사용된다. 이 문장은 과거분사(exhausted)
로 시작된 과거분사구문이다. 분사구문이 성립되기 위해서는 종속절과 주절의 주어가 일치
해야 한다. 종속절의 주어는 I인데 주절은 it로 시작되었다. 하지만 그것은 형식상의 가주어
일 뿐 주절의 의미상의 주어는 me이다. 따라서 분사구문은 자연스럽게 성립된다.

독해 point 2(가주어, 진주어)

it took me ~ to work up...

가주어(it)와 진주어(to work) 사이에 의미상의 주어 me까지 포함되었다. '의미상의 주어인
내가 to work 하는데 ~의 시간이 걸렸다'는 의미이다. 가주어를 이용하는 이유는 진주어에
관심을 증폭시키기 위함이다. 따라서 가주어 부분을 정확히 이해해야 진주어 부분을 제대로
받아들일 수 있다. work up는 '~을 북돋우다'의 뜻이다.

I kicked my bedroom door closed when I heard them come home from work.

번역 나는 그들이 회사에서 집으로 돌아오는 소리를 들었을 때 내 침실문을 발로 차서 닫았다.

I kicked my bedroom door closed / when I heard them / come home from work.

직역 나는 내 침실문을 발로 차서 닫았다 / 내가 그들의 소리를 들었을 때 / 퇴근하고 집으로 돌아오는 소리를.

독해 point 1(5형식 동사)

kicked my bedroom door closed

문장의 5형식이란 <주어+동사+목적어+목적 보어>의 형태를 말한다. 보어로 쓰이는 품사는 형용사나 명사이다. 과거분사는 형용사에 해당된다. 목적 보어는 목적어의 상태를 말한다. 타동사 kick는 5형식 동사로 쓰일 수 있다. kick a door closed는 5형식이며 '문을 발로 차서 닫힌 상태로 만들다'의 의미이다. closed는 과거분사형 형용사이다. 발로 찼기 때문에 a door is closed(문이 닫힌 상태이다)가 된 것이다. 이렇듯 목적어와 목적 보어는 하나의 문장을 자연스럽게 완성한다.

독해 point 2(지각동사)

heard them come home

지각동사 hear 역시 5형식을 만든다. 목적 보어로 동사원형이 올 경우에는 진행되고 있는 도중의 소리를 듣는 것이 아니라 처음부터 어떤 소리를 들은 것이다. 본문에서는 '그들이 집으로 들어오는 소리를 처음부터 들었음'을 의미한다. 목적 보어로 동사원형이 왔는지, 아니면 현재분사형이 왔는지에 따라서 문장의 의미가 달라지므로 그 차이를 정확히 이해하고 있어야 한다.

I figured you hadn't bothered to eat yet, so I brought the food to you.

번역 자기가 아직 아무 것도 안 먹었을 거라고 생각했어. 그래서 내가 음식을 가져왔지.

I figured / you hadn't bothered to eat yet, / so I brought the food / to you.

직역 내가 생각했지 / 당신은 아직 먹는 것에 신경을 쓰지 않았을 것이라고, / 그래서 내가 음식을 가져왔어/당신 주려고.

독해 point 1(시제의 일치)

figured, had bothered

동사 figure는 '~을 생각하다'의 의미이며 시제는 '과거'로 쓰였다. 과거에 과거 이전의 일, 즉 '밥을 먹지 않았을 것'을 생각한 것이다. 과거 이전의 일이라면 당연히 과거완료를 사용해야 한다. 그것이 바로 시제의 일치이다. 사건이 발생한 시점을 순서대로 제대로 나열하는 것이 글의 일관성을 유지하는 데 절대적인 역할을 한다.

독해 point 2(어휘)

figure, bother, bring

동사 figure는 '숫자계산을 하다'에서 출발한다. 숫자계산을 한다는 것은 그것이 돈의 숫자라면 '돈의 흐름을 판단'하기 위한 것이다. 그렇다. figure에는 '판단하다'의 속뜻이 숨어 있다. 따라서 단순히 '생각하다'가 아니라 '전후 좌우를 잘 판단해서 생각하다'의 의미로 figure를 이해해야 한다. bother는 '~을 하려고 신경 쓰다'의 의미를 포함한다. 그래서 bother to eat 라고 하면 '신경 써서 밥을 먹다'가 된다. bring은 '~을 가지고 오다', '~을 들고 오다' 등으로 이해한다. '운반'의 개념이 포함되는 것이다.

Drinking just one cup of coffee every day could lower your risk of several types of cancer, especially liver and endometrial cancer.

번역 매일 커피 한 잔을 마심으로써 몇 가지 타입의 암의 위험을 줄일 수 있다, 특히 간암과 자궁 내막암.

Drinking just one cup of coffee every day / could lower your risk / of several types of cancer, / especially liver and endometrial cancer.

직역 매일 단 한 잔의 커피가 / 위험을 줄일 수 있다 / 몇 가지 타입의 암의 위험을 / 특히 간암과 자궁 내막암.

독해 point 1(동명사)

Drinking one cup of coffee

동명사는 동사에 -ing를 붙여 명사화 시킨 것을 의미한다. 명사이기 때문에 문장의 주어가 될 수 있으며 보어, 그리고 동사나 전치사의 목적어로 쓰일 수 있다. 그리고 동명사는 단수로 취급되며 품사는 명사이지만 '동작의 의미를 포함한 명사'이다. 따라서 '~하는 행위'의 느낌으로 이해하는 것이 옳다. Drinking one cup of coffee는 '커피 한 잔을 마시는 행위'를 뜻한다.

독해 point 2(조동사)

could

단순히 can의 과거형으로 쓰인 것이 아니라 could 자체로 '가능성'을 의미한다. 이때는 일반적인 상황이 아니라 특별한 상황에서의 '가능성'을 뜻한다. 본문은 '매일 커피 한 잔을 마시는 행위가 던져 주는 특별한 가능성'을 의미하고 있다.

Sentence 078

When our car overheated in the middle of nowhere, the local tow truck driver hauled us into town.

번역 우리 승용차가 외진 곳에서 과열되었을 때 그 지역 견인트럭 운전수가 우리를 시내로 끌고 갔다.

When our car overheated / in the middle of nowhere, / the local tow truck driver hauled us / into town.

직역 우리 차가 과열되었을 때 / 어딘지 알 수 없는 인적이 드문 곳에서 / 그 지역 견인트럭 운전수가 우리를 끌고 갔다 / 시내로.

독해 point 1(접속사)

when

시간을 나타내는 접속사이다. when이 이끄는 절은 주절의 동사를 수식한다. 따라서 이 것은 부사절에 해당된다. 본문에서는 when 절이 주절의 동사 hauled를 수식하며 부사 절 역할을 하고 있다.

독해 point 2(어휘, 표현)

overheat, in the middle of nowhere, tow truck, haul

자동사 overheat는 '과열되다'의 의미이다. in the middle of nowhere는 '어딘지 알 수 없 는 곳(nowhere)의 중간에서'가 직역이며 '인적이 드문 곳에서'로 이해한다. tow는 '~을 견 인하다'의 뜻이며 tow truck은 '견인차'에 해당된다. "내 차가 견인됐어."는 My car is towed away.라고 표현한다. 동사 haul은 '~을 끌다', '~을 끌고가다' 등의 의미를 갖는다.

Just as I bent over to pick up the object, the tractor exploded behind me, knocking me off my feet.

번역 내가 허리를 숙여 그 물건을 집으려는 바로 그 순간, 트랙터가 내 뒤에서 폭발했고 나는 쓰러졌다.

Just as I bent over / to pick up the object, / the tractor exploded / behind me, / knocking me off my feet.

직역 내가 허리를 숙였을 바로 그때 / 그 물체를 집기 위해서, / 트랙터가 폭발했다 / 내 뒤에서, / 나는 쓰러졌다.

 독해 point 1(접속사)

as

when과 마찬가지로 '~일 때'의 의미를 전한다. 그러나 when이 어떤 일이 일어나는 정적인 순간을 말한다면 as는 동적인 순간을 의미한다. 그래서 흔히 as를 '~하는 동안에'로 이해한다. 그러나 '~하는 동안에'로 해석하면 어색한 경우가 흔하다. 그래서 '~일 때'로 해석하기 일쑤인데 결국 when은 '정적인 순간', as는 '동적인 순간'으로 구분하게 된다.

 독해 point 2(생략)

knocking me off my feet

연속된 동작에서 and가 생략되고 대신 콤마를 쓴 후에 현재분사로 뒤를 잇는 경우이다. 풀어서 쓰면 the tractor exploded behind me and knocked me off my feet가 된다. 이렇게 접속사 and를 살려서 풀어 쓰면 exploded와 knocked의 의미가 모두 강조된다. 하지만 현재분사를 쓰게 되면 상대적으로 exploded의 의미가 더욱 강조된다. 생략과 축약이 가미된 부분은 늘 문장 의미전달의 중심에 서지 못한다. 그런 의도를 분명히 이해하고 있어야 읽기와 쓰기가 정확해진다.

After learning her friend had broken his arm, my five-year-old daughter insisted on drawing him a picture.

번역 자기 친구가 팔이 부러졌다는 사실을 알고 난 이후에, 제 다섯 살 난 딸아이는 극구 그 아이에게 그림을 그려주겠다고 고집했습니다.

After learning her friend had broken his arm, / my five-year-old daughter insisted / on drawing him a picture.

직역 자기 친구의 팔이 부러졌다는 사실을 안 이후에 / 제 다섯 살 난 딸 아이는 고집을 했습니다 / 친구에게 그림을 그려주겠노라고요.

 독해 point 1(분사구문)

After learning ~

After는 접속사로 쓰이고 있다. After she learned her friend had broken his arm을 분사구문으로 만든 후에 접속사의 의미를 분명히 살리기 위해서 After를 그대로 둔 것이다. 분사구문을 사용하는 이유는 단지 문장의 길이를 줄이기 위함이 아니라 문장의미의 중심을 주절에 분명히 두기 위함이다.

 독해 point 2(시제의 일치)

had broken, insisted

친구의 팔이 부러지고 난 이후에 그 사실을 알게 되고(learned) 그림을 그려주겠다고 고집했다면(insisted) 친구의 팔이 부러진 건 과거 이전의 일이므로 과거분사 had broken을 쓰게된다. 시제의 일치가 정확히 적용된 문장이다. break one's arm은 '팔이 부러지다', insist on ~은 '~을 하겠다고 고집하다', draw him a picture는 '그에게 그림을 그려주다' 등의 의미이다.

I was having coffee this morning with a dear friend who's going through a difficult time at work.

번역 저는 오늘 아침에 직장에서 지금도 힘든 시간을 보내고 있는 제 친한 친구와 커피를 마시고 있었습니다.

I was having coffee / this morning / with a dear friend / who's going through a difficult time / at work.

직역 저는 커피를 마시고 있었습니다 / 오늘 아침에 / 친한 친구와 함께 / 그는 지금도 힘든 시간을 보내고 있습니다 / 직장에서 말이죠.

독해 point 1(시제의 일치)

was having coffee, who's going ~

was having coffee는 '커피를 마시는 중이었다'의 의미이다. 동사 have가 '~을 마시다'
의 의미이다. 그래서 진행형이 가능하다. 시제는 과거이다. 원래의 시제일치 문법이라면
who's going이 아니라 who was going이 맞다. be 동사의 축약은 현재에서만 가능하다.
중심시제인 과거진행에 종속되지 않고 현재진행을 쓰는 이유는 현재의 의미를 강조하기
위해서이다. 그래서 '지금도 ~을 겪고 있다'로 해석한다.

독해 point 2(관계대명사)

a dear friend who's going ~

관계대명사로 연결된 문장은 앞의 선행사를 꾸며 주기 때문에 의미의 무게중심은 관계대
명사절이 아니라 선행사에 맞춰진다. go through ~는 '~을 겪다'의 의미이며 go through a
difficult time은 '힘든 시간을 겪다'가 된다.

On a cold fall afternoon, I was sitting on my bed with my laptop, revising a novel, when an email arrived.

번역 어느 추운 가을 오후에 나는 침대 위에 앉아서 노트북을 켜고 소설을 수정하고 있었다. 그때 이메일이 도착했다.

On a cold fall afternoon, / I was sitting on my bed / with my laptop, / revising a novel, / when an email arrived.

직역 어느 추운 가을 오후에, / 나는 침대 위에 앉아 있었다/내 노트북을 들고 / 소설을 수정하면서, / 그 때 한 통의 이메일이 도착했다.

독해 point 1(전치사)

on, with

특정한 날이나 요일에 전치사 on을 사용한다. '~에'의 뜻이다. 따라서 on a cold fall afternoon은 '어떤(a) 추운 가을 오후에'로 이해한다. 그런가 하면 on은 '위치 전치사'로서 '~의 위에', 또는 '~의 위에서'의 의미를 포함하기도 한다. 따라서 on my bed는 '내 침대 위에서'가 된다. 전치사 with는 '~을 가지고', '~와 함께' 등의 의미로 쓰인다. with my laptop은 '내 노트북 컴퓨터를 가지고', '내 노트북 컴퓨터를 들고' 등으로 해석한다.

독해 point 2(분사구문)

revising a novel

내가 침대 위에 앉아서 무엇을 하고 있었는지 그 동작을 현재분사를 이용해서 말하고 있다. 현재분사구문이다. 분사구문이 문장의 앞에 오면 주절이 등장하기 전에 독자의 관심을 유도하기 위함이고 문장의 뒤에 위치하면 주절의 의미를 보완하기 위해서 추가 설명을 더하는 것이다. revise는 '~을 수정하다'이다.

Sentence
083

When her birth mother saw no alternative but to surrender her children for adoption, this girl had threatened to drink bleach.

번역 그녀의 생모가 그녀의 아이들을 입양시키는 것 이외에 다른 대안을 찾지
못했을 때 이 소녀는 표백제를 마셔버리겠다고 이미 협박한 상태였다.

When her birth mother saw no alternative / but to surrender her children for adoption, / this girl had threatened / to drink bleach.

직역 그녀의 생모가 대안을 찾지 못했을 때 / 그녀의 아이들을 입양을 위해 넘겨
주는 것을 제외하고는, / 이 소녀는 이미 협박한 상태였다 / 표백제를 마셔
버리겠다고.

독해 point 1(접속사)

but to surrender ~

접속사 but는 '~외에'의 의미로 쓰이고 있다. 뒤에 이어지는 to 부정사는 '미래'의 의미이다. 따라서 but to surrender는 'but she would surrender'의 축약형이다. 원래는 'but she will surrender'가 맞지만 전체 시제가 과거이므로 '시제의 일치'가 적용되어 will이 would로 바뀌는 것이다. 결국 'but to 동사원형'의 형태는 '앞으로 ~하는 것 이외에'로 이해하고 해석한다. surrender는 '~을 포기하다', '~을 넘겨주다' 등의 의미이며 adoption은 '입양'이다.

독해 point 2(시제의 일치)

saw no alternative, had threatened

시제의 일치를 통해서 어떤 일의 발생 순서를 확인하게 된다. 과거와 과거완료가 공존하는 하나의 문장에서는 과거완료의 행위가 과거의 행위보다 먼저 일어났음을 이해하고 그에 맞는 해석을 해야 한다. see no alternative는 '대안을 찾지 못하다'이며 threaten to drink bleach는 '표백제를 마시겠다고 협박하다'이다.

I tried to put the girl out of my mind, dragging the photo to my computer's trash can, then emptying it.

번역 나는 그 사진을 컴퓨터 휴지통에 넣고 비움으로써 그 소녀를 내 생각에서 지우려고 애썼다.

I tried to put the girl out of my mind, / dragging the photo to my computer's trash can, / then emptying it

직역 나는 그 소녀를 내 생각에서 지우려고 애썼다, / 그 사진을 내 컴퓨터의 휴지통에 가져가서, / 비움으로써.

174

독해 point 1(표현)

put the girl out of my mind

mind는 '생각'이다. 그래서 out of my mind는 '내 생각에서 벗어난'이 되고 put the girl out of my mind는 '그 소녀를 내 생각에서 밖으로 보내다' 즉, '그 소녀를 생각에서 지우다'로 이해한다. 반대로 in one's mind는 '생각 안에 있는'이 되어 Keep that in mind.는 "그것을 기억해라."의 의미를 전한다

독해 point 2(분사구문)

dragging ~, emptying ~

현재분사는 '진행되는 동작'을 의미한다. 따라서 dragging the photo는 '사진을 드래그 하면서'가 되고 emptying it는 '그것을 비우면서'가 된다. 분사구문이 주절의 뒷부분에 위치한 것은 먼저 주절의 의미를 완성한 이후에 그 의미를 보충하려는 의도이다. 본문에서는 소녀를 기억 속에서 지우고자 하는 시도가 의미상의 핵심이며 그 방법을 분사구문의 내용으로 설명하고 있다. empty는 동사로서 '~을 비우다'의 의미이다.

She got into the bed and I held her, and she cried for three hours until she fell into a sleep that lasted a night and a day.

번역 그녀는 침대로 들어왔고 나는 그녀를 안았다. 그리고 그녀는 잠들 때까지 세 시간을 울었고 그 잠은 하루 밤낮 계속 되었다.

She got into the bed / and I held her, / and she cried for three hours / until she fell into a sleep / that lasted a night and a day.

직역 그녀는 침대 안으로 들어왔다 / 그리고 나는 그녀를 안았다, / 그리고 그녀는 세 시간 동안 울었다 / 그러다가 잠들었다 / 그 잠은 하루 밤낮 계속되었다.

독해 point 1(접속사)

until

보통 until은 '~ 때까지 계속'의 의미를 갖는다. 따라서 she cried for three hours until she fell into a sleep은 주로 '그녀는 잠들 때까지 계속 세 시간을 울었다'로 해석하게 된다. 그러나 뒤에서 앞으로 넘어오는 해석이 아니라 읽어 내려가면서의 해석에서는 '그녀는 세 시간을 울었고 그러다가 잠들었다'가 된다. 독해의 속도를 높이려면 읽어 내려가면서의 해석이 훨씬 자연스럽고 좋다.

독해 point 2(관계대명사)

that

말이 아니라 글에서는 관계대명사의 활용이 빈번하다. 단문의 나열보다는 복문의 활용이 글을 깔끔하고 자연스럽게 만들어 주기 때문이다. She fell into a sleep. The sleep lasted a night and a day. 이 두 문장의 나열이 문장의 의미전달에 지장을 초래하지는 않는다. 하지만 이런 나열은 글 답지 않다. 연결되는 이야기의 흐름이 짧은 문장으로 순간순간 끊어져서 글을 읽는 호흡을 방해하기 때문이다. 이런 방해를 막기 위해서 두 문장에서 중복되는 sleep를 관계대명사를 이용하여 한 문장으로 바꾸게 되는 것이다. fall into a sleep은 '잠에 빠지다', '잠들다' 등으로 이해하고 동사 last는 '지속되다', a night and a day는 '하루 밤과 낮 동안'의 의미로 이해한다.

For her college essay, she wrote about my struggles to grow a lemon tree indoors.

번역 대학 에세이의 주제로 그녀는 내가 실내에서 레몬 트리를 기르기 위해서 힘들게 기울였던 노력에 대하여 썼다.

For her college essay, / she wrote about my struggles / to grow a lemon tree indoors.

직역 그녀의 대학 에세이를 위해서, / 그녀는 나의 힘든 노력에 관해서 썼다 / 실내에서 레몬 트리를 기르기 위한 노력이었다.

독해 point 1(전치사)

for, about

전치사 for는 '~을 위해서'라고 해석하며 '목적'을 말할 때 흔히 사용한다. 따라서 for her college essay는 '그녀의 대학 에세이의 목적'으로 뭔가를 이용할 것임을 암시한다. 전치사 about는 '~에 관하여'로 해석하는데 '주제'를 말할 때 흔히 사용한다. 따라서 about my struggles는 '나의 힘든 고생을 주제로'의 느낌으로 해석한다. 결국 for her college essay, about my struggles는 '그녀의 대학 에세이를 쓸 목적으로 나의 고생을 주제로 잡았음'을 의미한다.

독해 point 2(부정사)

to grow a lemon tree

부정사는 '미래'를 의미한다. 따라서 to grow a lemon tree는 '레몬 트리를 기를 것이다'의 의미이며 struggles to grow a lemon tree는 '레몬 트리를 기르기 위한 고생'을 뜻한다. to 부정사가 명사 struggles를 수식하고 있기 때문에 이를 흔히 to 부정사의 형용사적 용법이라고 말한다. 형용사는 보통 명사의 앞에서 그 명사를 수식하지만 to 부정사는 명사의 뒤에 붙어서 명사를 수식하게 된다.

Sentence
087

It's impossible not to be impressed by the dedication they have shown to eradicate inequality.

번역 그들이 불평등을 근절시키기 위해서 그동안 보여주었던 헌신에 감동을 하지 않을 수 없다.

It's impossible / not to be impressed / by the dedication / they have shown / to eradicate inequality.

직역 그것은 불가능한 일이다 / 감동을 받지 않는다는 것은 말이다 / 그 헌신에 대한 감동이다 / 그들이 그동안 보여주었던 헌신 / 즉, 불평등을 근절시키기 위한 헌신이었다.

독해 point 1(가주어, 진주어)

It's impossible not to ~

중요한 말에 앞서 운을 띄우는 역할을 가주어가 한다. 이는 우리말과 다르지 않다. 대화로 치자면 이렇다. "그건 불가능한 일이야." "뭐가?" "아니 어떻게 감동을 안 받냔 말이야." 이것을 영어로 바꾸면 "It's impossible." "What is impossible?" "Not to be impressed."가 되며 이것을 한 문장으로 바꾸면 It's impossible not to be impressed.가 된다. 가주어를 등장시키는 이유는 진주어의 의미를 한껏 강조하기 위함임을 기억해야 한다.

독해 point 2(현재완료)

they have shown

현재완료의 형태는 <have+동사의 과거분사>이지만 그보다 더 중요한 것은 현재완료의 의미이다. '그동안 ~을 해왔다', '~한 적이 있다' 등이다. 그 중에서도 '그동안'의 느낌을 살려서 과거부터 현재가 시간적으로 철저히 연결되어 있음을 나타내는 해석에 익숙해져야 한다. 따라서 the dedication they have shown은 '그동안 그들이 보여준 헌신'이 된다. eradicate는 '~을 근절시키다', inequality는 '불평등'을 뜻한다.

I got a job offer from IBM, but I turned it down to take a job at a smallish software company called Microsoft.

번역 나는 IBM으로부터 일자리 제의를 받았지만 거절했다. 마이크로소프트라고 불리는 자그마한 소프트웨어 회사에서 일하기 위해서였다.

I got a job offer / from IBM, / but I turned it down / to take a job / at a smallish software company / called Microsoft.

직역 나는 일자리 제의를 받았다. IBM으로부터의 제안이었다 / 그러나 나는 그 제안을 거절했다 / 취직하기 위해서였다 / 자그마한 소프트웨어 회사에 / 마이크로소프트라고 불리는 회사였다.

독해 point 1(전치사)

from, at

전치사 from은 모든 것의 '시작 지점'을 의미한다. '그 곳에서부터 뭔가 시작되었고, 그 곳에서부터 뭔가 생겨났다'는 느낌이다. 따라서 a job offer from IBM이라고 하면 '일자리 제의가 IBM에서부터 흘러나왔다'는 뜻이 된다. 전치사 at는 '특정한 장소'를 의미한다. 흔히 '~에서'로 해석된다. 따라서 a job at a smallish software company라고 하면 '자그마한 소프트웨어 회사에서 하는 일'이다. '그 일을 잡다'가 되어 take a job이라 표현하고 take a job at 을 '~에서 일하는 직업을 얻다'의 의미를 전한다.

독해 point 2(수동태)

called Microsoft

대단히 일반적이고 흔히 사용되는 표현법이다. called ~는 '~라고 불리는'이다. 동사 call은 call A B의 형태로 쓰여서 'A를 B라고 부르다'의 의미를 갖는다. 능동태이다. They call the company Microsoft.라고 하면 '그들'의 입장에서 하는 말이다. "그들은 그 회사를 마이크로소프트라고 불러."가 정확한 해석이다. 그런데 '그들'이 아닌 '그 회사'를 중심으로 말을 한다면 The company is called Microsoft.가 된다. 수동태 문장이며 "그 회사는 마이크로소프트라고 불린다."가 정확한 해석이다. 이것을 '마이크로소프트라고 불리는 회사'라는 명사로 바꾸면 the company called Microsoft가 되는 것이다.

We talked over dinner that evening, and I sensed that he was interested, but I didn't hear from him for a while.

번역 우리는 그날 저녁에 식사하면서 대화를 했고 나는 그가 관심이 있음을 감지했다. 하지만 나는 한동안 그에게서 연락을 받지 못했다.

We talked / over dinner / that evening, / and I sensed / that he was interested, / but I didn't hear from him / for a while.

직역 우리는 대화를 나누었다 / 저녁을 먹으면서 / 그날 저녁에 말이다, / 그리고 나는 감지했다 / 그가 관심을 갖고 있다는 사실을 / 하지만 나는 그로부터 연락을 받지 못했다 / 한동안.

독해 point 1(전치사)

over, from, for

전치사 over는 다양한 의미로 해석된다. 하지만 그 중심에는 '전반적으로'의 느낌이 자리한다. 시야가 전반적으로 걸쳐 있던지 하나의 주제로 전반적인 이야기를 다 하던지 저쪽 지점에서 이쪽 지점으로 넘어오던지, 이런 것들이 모두 over의 범위 안에 있다. over dinner는 어떤 대화가 '저녁식사의 시작에서 끝까지 전반적으로 걸쳐서 진행됨'을 뜻한다. 그래서 '저녁을 먹으면서'로 해석한다. 전치사 from은 '출발지점'이다. 따라서 from him은 '그로부터'가 된다. 전치사 for는 '시간'을 의미해서 for a while이라고 하면 '한동안'의 의미를 전하게 된다.

독해 point 2(어휘, 표현)

sense, interested, hear from

동사 sense는 '~을 감지하다'의 의미이다. 이것이 명사로 쓰일 때는 '감각'의 의미가 되므로 품사의 변화가 의미의 변화를 일으키지는 않는다. 과거분사형 형용사인 interested는 '관심이 있는'의 의미이다. I'm interested.라고 하면 "저는 관심 있습니다."로 해석하게 된다. 따라서 I sensed that he was interested.는 "나는 그가 관심이 있음을 감지했다."로 이해한다. 그가 나에게 관심을 갖고 있다는 의미이다. 동사구인 hear from은 '~로부터 이야기를 듣다', '~에게서 연락을 받다' 등으로 이해한다. 따라서 I didn't hear from him.은 "나는 그에게서 연락을 받지 못했다."로 해석한다.

He struck up a conversation and asked me out for two weeks from Friday.

번역 그가 말을 먼저 꺼냈고 2주 후 금요일에 데이트하자고 했다.

He struck up a conversation / and asked me out / for two weeks from Friday.

직역 그가 말을 꺼냈다 / 그리고 내게 데이트 신청을 했다 / 2주 후 금요일에.

독해 point 1(시제의 일치)

struck, asked

동사 strike의 과거형인 struck가 쓰이면서 뒤에 접속사 and로 이어지는 문장 역시 과거형인 asked가 나왔다. 연속되는 동작이고 동일한 시제이기 때문에 해석 연결이 자연스러워야 한다. 이런 시제의 일치 문법은 독해할 때보다는 작문할 때 적용 난이도가 훨씬 높다.

독해 point 2(표현)

strike up a conversation, ask out, two weeks from Friday

strike up은 뭔가를 시작한다는 의미이다. 따라서 strike up a conversation은 '대화를 시작하다', '말을 꺼내다' 등으로 이해한다. 서로 어색하게 말을 못하고 있던 상황에서 한 사람이 먼저 말을 꺼낸다는 뜻이다. ask out을 직역하면 '나가자고 부탁하다'이다. 이것은 '데이트 신청하다'의 의미로 이해한다. 친구를 만날 때는 집이나 학교, 또는 회사내에서 시간을 보내지만 데이트할 때는 승용차를 타고 시내, 또는 야외로 나간다는 데에서 유래된 표현이다. two weeks from Friday는 '금요일을 기점으로 해서 2주 후'라는 의미이다. 따라서 '2주 후 금요일'이라고 해석한다. 그 앞에 쓰인 전치사 for는 '~을 위해서'가 아니라 '정해진 시간이나 날짜'를 말할 때 '어느 시점에'의 뜻으로 사용되고 있다. 따라서 for two weeks from Friday는 '2주 후 금요일에'의 의미이다.

Sentence 091

The funny thing is that to look at us, you couldn't tell the difference.

번역 재미있는 것은 만일 우리를 보면 너는 그 차이를 구별할 수 없을 거라는 거야.

The funny thing is / that to look at us, / you couldn't tell the difference.

직역 재미있는 사실은 / 우리를 보면 / 넌 우리 둘 사이의 차이를 구별할 수 없을 거라는 거지.

독해 point 1(접속사)

that

that의 역할은 매우 다양하다. 지시대명사에서부터 한정사, 그리고 형용사를 수식하는 부사, 두 문장을 연결하는 관계대명사에 이르기까지 정말 중요한 역할들을 한다. that의 용법 중에 또 하나 중요한 것은 접속사로서의 역할이다. 그 중에 문장 전체를 이끌며 명사절을 만들고 그 절이 주격 보어는 물론 주어로서의 역할을 할 수 있다는 사실에 주목해야 한다. 본문에서는 that 이하가 이끄는 명사절이 주어구인 The funny thing의 보어 역할을 하고 있다. 역으로 that 이하 명사절 전체를 주어로 내세워 That to look at us, you couldn't tell the difference is the funny thing.이라는 문장도 가능하다는 것이다.

독해 point 2(부정사)

to look at us

to 부정사에는 일반적으로 '조건'의 의미가 포함되어 있다. 따라서 to look at us는 if you look at us로 해석한다. '네가 우리를 보면'의 뜻이다. 뒤에 이어지는 you couldn't tell the difference에서 could는 '특정한 상황에서의 가능성'을 뜻한다. 일반적인 가능성이 아니라 우리 둘을 보았을 때 생기는 특정한 상황에서의 가능성을 말하기 때문에 can이 아니라 could를 사용한 것이다. tell the difference는 '차이를 구별하다'의 의미이다. 따라서 you couldn't tell the difference는 '너는 차이점을 구별할 수 없을 것이다'로 이해한다.

Sentence
092

I know you received my last two emails because I put that recipient-tracker thing on, so you can stop pretending.

번역 내가 보낸 마지막 두 개의 이메일을 네가 받았다는 거 난 알고 있지. 수신 확인 장치를 켜 놓았거든. 그러니까 못 받은 척하지 않아도 돼.

I know / you received my last two emails / because I put that recipient-tracker thing on, / so you can stop pretending.

직역 난 알고 있어 / 너 내가 보낸 마지막 두 개의 이메일 받았다는 사실을 말이야 / 어떻게 아냐 하면 내가 수신인 추적 장치를 켜놨거든, / 그러니 안 받은 척 그만해도 돼.

독해 point 1(접속사)

because

'~때문에'의 뜻을 전하는 접속사이다. 이유와 원인 접속사라고 말한다. 상대방이 전혀 모르고 있는 이유를 말할 때 사용한다. 그래서 '너는 몰랐겠지만'을 넣어서 해석해도 아주 좋다. '네가 내 이메일을 받았다는 사실을 내가 어떻게 아는지 알아? 너는 몰랐겠지만 내가 수신 확인 버튼(장치)를 켜났거든' 정도의 해석이 된다. 접속사의 의미와 사용 의도를 정확히 알고 있어야 문장을 제대로 이해할 수 있다.

recipient-tracker thing은 '수신자 추적 장치'를 의미하며 '수신 확인 장치'로 해석한다. put something on은 '~을 켜놓다'이며 stop pretending는 '척하는 걸 멈추다'이다.

독해 point 2(조동사)

can

'허락'의 의미로 쓰이고 있다. 다 알고 있으니까 이제 그만하라는 거다. 이것을 '이제 ~해도 돼' 정도로 해석한다. 따라서 you can stop pretending은 '이제 아닌 척 그만해도 돼' 정도의 의미가 된다. 조동사 can을 무조건 '~을 할 수 있다'로만 해석해서는 안 된다.

I can't believe you haven't met Ernie yet; he's getting bigger each day and is the spit of his dad.

번역 네가 아직도 어니를 못 봤다니 믿을 수가 없네; 매일매일 쑥쑥 커. 게다가 자기 아버지를 빼다박았어.

I can't believe / you haven't met Ernie yet; / he's getting bigger each day / and is the spit of his dad.

직역 믿을 수가 없다 / 네가 아직도 어니를 보지 못했다니; / 걔 매일매일 커 / 그리고 지 아버지를 빼다박았어.

독해 point 1(현재완료)

haven't met Ernie yet

현재완료는 과거에 일어난 일을 말한다. 그런데 그 일이 지금도 유효하다. 그래서 '과거의 경험'을 말할 때 현재완료를 흔히 사용한다. 그럴 때는 '그동안'을 넣어서 이해할 필요가 있다. haven't met ~는 '그동안 ~을 만난 적이 없다'는 의미이다. 그런데 본문에서 처럼 만나는 것이 아니라 일방적으로 가서 봐야 되는 대상이라면 '그동안 ~을 보지 못했다'로 해석한다. not yet은 '아직 ~이 아닌'의 뜻이다.

독해 point 2(표현)

get bigger each day, the spit of

get bigger는 '점점 커지다'의 의미이다. 본문에서는 '아이가 점점 큰다'는 뜻으로 쓰이고 있다. each day는 '하루하루'를 강조한 '매일'이다. 따라서 get bigger each day는 '하루하루[매일매일] 쑥쑥 큰다'로 해석한다. the spit of는 '외모가 ~을 쏙 뺐다'는 의미이다. 영국에서 즐겨 사용되는 표현이다.

When I was growing up,
I thought I'd live in a bigger
house than the one I grew up in.

번역 나는 어려서 클 때 내가 당시 자라던 집보다 더 큰 집에서 살 거라는 생각을 했다.

When I was growing up, / I thought I'd live in a bigger house / than the one I grew up in.

직역 성장할 때, / 나는 더 큰 집에서 살 거라는 생각을 했다 / 내가 당시에 자라던 그 집보다.

독해 point 1(시제의 일치)

was, thought, would, grew

이 문장 전체는 과거시제 was가 주도한다. When I was growing up은 '내가 과거에 성장할 때'를 뜻한다. 그 당시에 나는 thought, 생각했다. I will live in a bigger house, 난 앞으로 더 큰 집에서 살 거야…라고. 그런데 과거에 생각한 것이므로 will이 would로 형태만 바뀐 것이다. 더 큰 집은 무엇과 비교해서 더 큰 집인가 하면, than the one I grow up in, 내가 지금 늘 머물면서 자라고 있는 집이다. 역시 전체 시제가 과거이므로 grow가 grew로 바뀐 것뿐이다. 형태의 변화에 따라 의미의 변화까지 생기지 않도록 주의한다. was의 영향으로 모든 어휘들의 시제가 과거로 바뀌었지만 would에는 will(미래), grew에는 grow(현재)의 의미가 살아 있다.

독해 point 2(대명사)

one

대명사 one은 한 문장 안에서 이미 언급된 명사를 다시 말해야 할 때 사용한다. 본문에서는 바로 앞에서 언급된 house를 지칭하며 the one이라고 했다. 문법을 익히는 이유는 영작을 위해서가 아니라 문장을 정확히 이해하기 위해서이다. 내가 영작할 때를 위해서 이 문법을 외운다는 생각은 지워야 한다. 영어문장은 우리가 억지로 만들어낼 수 없다. 만들려는 노력 자체가 무의미하다. 그들이 사용하는, 있는 그대로의 문장을 정확히 이해하기 위해서 문법을 익힌다는 사실을 절대 잊지 말아야 한다.

Endless traffic snaked through the district, growing even more unbearable.

번역 끝없는 차량 행렬이 그 구역을 꾸역꾸역 지나며 더욱 더 참기 힘들어졌다.

**Endless traffic snaked through the district, /
growing even more unbearable.**

직역 끝없는 차량 행렬은 그 구역을 뱀이 움직이듯이 꿈틀거리며 지났다, /
그러면서 점점 더 참기 힘들어졌다.

독해 point 1(표현)

endless traffic, snake through, grow unbearable

traffic에는 '교통' 뿐 아니라 '차량들', '교통량' 등의 의미가 포함되어 있다. 따라서 endless traffic이라고 하면 '끝없는 차량들', 또는 '끝없는 교통량'이 되어 '끝없는 차량 행렬'로 의역하게 된다. snake는 물론 '뱀'이다. 이것을 동사로 쓰면 '뱀이 움직이듯이 느린 속도로 천천히 꿈틀거리며 움직이다'의 의미를 갖는다. 따라서 snake through는 '느린 속도로 ~을 통과하다'로 해석한다. 동사 grow는 문어체에서 '점점 ~의 상태가 되다'의 의미를 갖는다. unbearable은 '참을 수 없는'이다. 따라서 grow unbearable은 '점점 참을 수 없는 상태가 되다'이며 grow even more unbearable은 '점점 훨씬 더 참을 수 없는 상태가 되다'로 해석한다.

독해 point 2(생략)

growing

Endless traffic snaked through the district and grew even more unbearable.이 풀어 쓴 문장이다. 연속되는 동작을 접속사 and로 연결한 것이다. 여기에서 접속사 and를 생략하면 연속동작을 의미하는 현재분사가 콤마와 함께 등장하면서 '그러면서'의 의미가 추가된다. 따라서 , growing even more unbearable은 '그러면서 점점 훨씬 더 참을 수 없는 상황이 되었다'로 해석한다.

I could tell by his words that there was something specific he wanted to talk about.

번역 나는 그의 말을 통해서 그가 말하고 싶은 특정한 뭔가가 있음을 알 수 있었다.

I could tell by his words / that there was something specific / he wanted to talk about.

직역 나는 그의 말을 통해서 알 수 있었다 / 뭔가 특정한 게 있었다 / 그가 말하고 싶어하는 뭔가가.

독해 point 1(전치사)

by

판단의 기준을 말하는 전치사이다. 따라서 '~로 보아', '~을 통해서', '~에 따르면' 등으로 이해하고 해석한다. 동사 tell은 '구별하다', '판단하다', '~을 정확히 알다' 등의 의미로 쓰이고 있으며 his words는 '그의 말'이다. 따라서 tell by his words는 '그의 말로 판단하다', '그의 말을 통해서 알다' 등으로 해석할 수 있다. 전치사가 갖고 있는 여러 의미들을 정확히 통제하고 있어야 문장을 제대로 이해할 수 있다.

독해 point 2(형용사절)

something he wanted to talk about

대명사 something을 he wanted to talk about이 수식하고 있다. '그가 말하고 싶어하는 뭔가'의 의미이다. something 뒤에 접속사 that이 생략되었다. 그 상태에서 he wanted to talk about 절이 대명사를 수식하고 있는 것이다. 이것을 '형용사절'이라고 한다. 본문은 또한 something specific이라고 말하고 있다. something이 형용사 specific에 의해서 이미 한 번 더 수식을 받고 있는 것이다. 결국 something이 형용사 specific과 that 이하의 형용사절을 통해서 두 번 수식되고 있는 문장이다.

In his mid-sixties, withered by an indifference to food, Evans looked sad and nondescript.

번역 60대 중반에, 음식에는 도통 무관심한 상태에서 여위고 쇠약해진 에반스는 슬퍼 보였고, 그저 특징 없이 평범하게만 보였다.

In his mid-sixties, / withered by an indifference to food, / Evans looked sad / and nondescript.

직역 60대 중반에, / 음식에 대한 무관심으로 쇠약해진 상태인, / 에반스는 슬퍼 보였다 / 그리고 특별히 묘사할 특징 없는 평범한 모습이었다.

독해 point 1(분사구문)

withered by ~

수동태 문장에서 접속사와 주어가 생략된 과거분사구문이다. 과거분사는 '이미 ~해진 상태인'의 의미로 이해한다. 따라서 withered는 '이미 쇠약해지고 여윈 상태인'으로 해석한다. 그 원인은 by 이하로 설명하고 있다. 굳이 온전한 문장을 찾자면 while he was withered by an indifference to food이 된다. 접속사인 while이 '~인 동안', '~ 인 상태에서'의 의미를 전하는데 그 의미는 과거분사 자체만으로도 충분히 전할 수 있기 때문에 분사구문의 사용은 매우 자연스러운 선택이다.

독해 point 2(어휘)

in one's mid-sixties, withered, indifference to food, nondescript

in one's sixties는 '나이가 60대인 상태인'의 의미이며 그 중에 in one's mid-sixties'는 '나이 가 60대 중반인 상태인'을 뜻한다. 동사 wither는 '꽃이 시들다', 또는 '시들게 하다'의 의미이 다. 자동사와 타동사의 의미를 모두 갖는다. 이것이 사람에게 적용되면 '약해지다', '약해지게 만들다', '병이나 어떤 이유로 인해서 사람이 여위고 약해지게 만들다' 정도의 의미를 갖게 된 다. 이것이 과거분사형 형용사인 withered로 바뀌면 '병이나 다른 이유로 인해 여위고 약해 진 상태인'으로 해석된다. indifference는 '무관심'이며 indifference to food는 '음식에 대한 무관심' 즉, '음식을 거의 먹지 않는 상태'를 뜻한다. 형용사 nondescript는 '흥미를 유발할 만 한 별다른 특징이 없는 평범한 상태'를 뜻한다.

Todd shaved and put on his standard uniform—bespoke suit, Hermes tie, Armani socks, Gucci loafers.

번역 토드는 면도를 하고 그의 일상적인 유니폼을 입었다—맞춘 양복에 에르메스 넥타이, 아르마니 양말, 그리고 구찌 구두를 신었다.

Todd shaved / and put on his standard uniform / —bespoke suit, Hermes tie, Armani socks, Gucci loafers.

직역 토드는 면도를 했다 / 그리고 그의 표준 유니폼을 입었다 / —잘 맞춘 양복, 에르메스 넥타이, 아르마니 양말, 구찌 구두.

독해 point 1(시제의 일치)

shaved and put on

과거시제 중심의 문장이다. shaved가 이 문장의 시제를 통제한다. 과거시제이다. '면도를 했다'는 의미이며 동등한 시제를 연결하는 접속사 and 하에서 같은 과거인 put이 등장했다. put의 3단변화는 put-put-put이며 3인칭 주어 Todd의 동사이므로 현재시제인 puts가 아니라 과거시제 put를 이용하는 것이 옳다. 동사구 put on은 동작을 의미하며 '~을 입다'로 해석한다. 반면에 '~을 입은 상태이다'를 말할 때는 wear를 이용해서 표현한다.

독해 point 2(구두점)

dash(—)

이미 앞서 말한 것을 보다 자세히 예를 들어 설명할 때는 콜론(:)을 이용한다. 하지만 콜론의 느낌을 보다 더 강조하고 경쾌하게 표현하고 싶을 땐 대시를 쓴다. 경쾌하다는 것은 콜론에 비해서 구어적인 느낌이라고 이해해도 좋다. 본문에서는 앞서 말한 standard uniform이 무엇을 의미하는 지 대시를 통해서 매우 강조하고 있다는 것이다.

Before Mo can say anything else, she is back in the lift and jabbing at the button to take her to the top floor, her thoughts spinning.

번역 모가 다른 말을 하기도 전에 그녀는 다시 엘리베이터를 타서 꼭대기 층으로 올라가는 버튼을 누른다. 그녀의 생각은 정리되지 않고 빙빙 돈다.

Before Mo can say anything else, / she is back in the lift / and jabbing at the button / to take her to the top floor, / her thoughts spinning.

직역 모가 다른 어떤 말을 할 수도 있기 전에 / 그녀는 다시 엘리베이터에 탄다 / 그리고 버튼을 누른다 / 그녀를 꼭대기 층까지 운반할 버튼이다, / 그녀의 생각은 빙빙 돈다.

독해 point 1(생략)

and jabbing

동작이 연속으로 이루어지고 주어가 같을 때는 몇 개의 문장을 하나로 통합하는 것
이 좋다. 설령 주어가 다르더라도 연속되는 동작의 동일선상에 있다면 하나의 문장으
로 줄일 수 있다. 그럴 때 접속사와 분사가 이용된다. 그렇다고 접속사 and를 남발하
면 문장은 더욱 어색하고 지저분해 질 수 있다. 본문에서는 She is back in the lift. 와
She is jabbing at the button. 두 문장을 하나로 연결하면서 뒤에 나오는 중복 어휘
She is를 생략했다. 그래서 나온 문장이 She is back in the lift and jabbing at the
button이다.

독해 point 2(생략)

her thoughts spinning

본문은 She is back in the lift and jabbing at the button. Her thoughts are spinning. 두 개
의 문장으로 나눌 수 있다. 이 두 문장의 1차 통합은 She is back in the lift and jabbing at
the button and her thoughts are spinning이다. 하지만 이 문장은 and의 남발로 통합이 무
색하다. 이럴 때는 뒤의 and를 생략하고 그 자리에 콤마(,)를 넣는다. 그리고 be 동사는 생
략한 상태에서 다른 주어는 그대로 살린다. 그래서 나온 문장이 she is back in the lift and
jabbing at the button, her thoughts spinning이다. 현재진행(are spinning)은 다른 말로 현
재분사이므로 이 문장 역시 분사구문으로 처리해도 전혀 이상 없다.

I worked hard at putting on my best poker face and concealing the fact.

번역 나는 최고의 포커페이스를 유지하면서 그 사실을 숨기는 데 최선을 다했다.

I worked hard / at putting on my best poker face / and concealing the fact.

직역 나는 애를 썼다 / 내 최고의 포커페이스를 유지하는 데 / 그리고 그 사실을 숨기는 데.

독해 point 1(전치사)

at

전치사 at는 물리적인 위치 뿐 아니라 어떤 상태를 말할 때도 사용된다. 그럴 때는 '~의 상태에서', '~의 부분에서' 등의 의미를 전한다. 따라서 work hard at ~이라고 하면 '~의 부분에서 매우 열심히 일하다', '~의 부분에서 최선을 다하다' 등으로 의역할 수 있다. 어떤 어휘든 물리적인 상황에서보다는 추상적인 상황에서의 올바른 이해와 해석이 더욱 중요하다.

독해 point 2(일관성)

putting, concealing

동명사 putting은 전치사 at의 목적으로 쓰이고 있다. 그리고 뒤에 and와 연결되면서 이어지는 concealing 역시 전치사 at에 걸리는 동명사이다. 이런 일관성을 정확히 파악하지 못하면 문장의 해석이 매우 어려워진다. work hard at putting on my best poker face는 '최고의 포커페이스를 (유지)하는 데 최선을 다하다'이며 work hard at concealing the fact는 '그 사실을 숨기는 데 최선을 다하다'이다.

기적의 100문장
영어독해

초판 1쇄 발행 2020년 02월 10일

지은이 **오석태**
발행인 **송정현**
기　획 **신명희**
디자인 **신혜연**

펴낸곳 **(주)애니클래스**
주소 **서울 금천구 가산디지털1로 19 대륭테크노타운 18차 1803호**

등록 2015년 8월 31일 제2015-000072호
문의 070-4421-1070
값 12,000원

ISBN 979-11-89423-13-1 (03740)
Copyright 2019 by anyclass Co.,Ltd.

이 도서의 국립중앙도서관 출판예정도서목록(CIP)은 서지정보유통지원시스템 홈페이지(http://seoji.nl.go.kr)와 국가자료종합목록 구축시스템(http://kolis-net.nl.go.kr)에서 이용하실 수 있습니다.　(CIP제어번호 : CIP2020001870)